새로운 공동체를 향한 운동

공산주의 선언

나의 고전 읽기 11

새로운 공동체를 향한 운동

공산주의 선언

박찬종 지음
칼 마르크스 · 프리드리히 엥겔스 원저

아이세움

—— 일러두기

1. 이 책에 인용된 원문은 김태호가 옮기고 박종철출판사가 1998년 펴낸 『공산주의 선언』을 대본으로 삼았다. 다만 필요한 경우 번역은 다소 고쳤다. 인용문 말미에는 대본의 장을 표기했다.
2. 『저작 선집』은 박종철출판사가 펴낸 『칼 맑스 프리드리히 엥겔스 저작 선집』(1~6)을 줄여서 쓴 것이다.
3. 본문 중 pp. 40, 46, 48, 50, 60, 61, 79, 87, 99, 132, 141, 178, 181, 187, 191, 199의 도판은 The Granger Collection(New York), pp. 208, 218, 225, 230의 도판은 연합뉴스, pp. 110, 126의 도판은 그림 작가 오승만의 저작권 승인을 받아 사용한 것으로, 아이세움과 사진 저작권자의 허락 없이 무단으로 사용할 수 없다.
4. 마르크스의 저작 『자본』은 본문에서는 『자본』으로, 인용문 출처는 비봉출판사의 영어판 번역본 제목을 따라 『자본론』으로 표기하였다.

머리말

『공산주의 선언』, 고전을 넘어서는 책

현실에 만족하면서 살아가는 사람은 얼마나 될까? 아마도 그리 많지는 않을 것이다. 대부분의 사람들은 사는 게 고되다고 생각한다. 중 · 고등학생들은 엄청난 입시 부담을 느끼며 학교와 학원을 오가고, 대학생들은 학비와 용돈을 벌기 위해 쥐꼬리만 한 보수를 마다하지 않고 아르바이트를 한다. 또 좋은 직장을 구하기 위해서는 영어 공부에 몰두하든지, 자격증 하나라도 따기 위해 사교육비를 들여가며 학원을 다녀야 한다. 직장인들은 날로 높아만 가는 집값을 마련하기 위해 더 열심히 일하거나 거의 투기에 가까운 재테크에 몰두한다. 또는 유능한 사원으로 인정받기 위해 야근도 마다하지 않고 하루하루를 고되게 보낸다.

그런데 이런 고된 일상에 대처하는 방법은 사람마다 다르다. 어떤 사람들은 일상을 지배하고 있는 경쟁 속에서 좀 더 높은 자리를 차지하기 위해 정말 열심히 노력한다. 반면 경쟁에서 그리 두각을 나타내지 못하는 대부분의 사람들은 자신의 궁한 처지를 스스로가

'못난' 탓으로 자조한다. 그렇지 않으면 책임을 아예 부모나 세상 탓으로 돌리기도 한다. 이런 사람들은 고된 일상을 인내하면서 살아가는 것 외에는 다른 방법이 없다고 생각한다. 그런데 아주 소수이기는 하지만 또 다른 부류의 사람들이 있다. 이들은 세상이 뭔가 잘못되었다고 생각한다는 점에서 두 번째 부류의 사람들과 같을지 모르지만, 단순히 세상 탓만 하고 있지는 않다는 점에서 다르다. 이들은 대다수 사람들의 삶을 고되게 만드는 세상은 올바르지 않기 때문에 세계를 변화시켜야 한다고 주장한다.

『공산주의 선언』은 바로 이러한 생각을 가진 사람들에 의해 탄생했다. 『공산주의 선언』의 저자인 마르크스와 엥겔스를 비롯한 공산주의자들은 우리가 살고 있는 현실의 공동체가 무언가 잘못되었다고 비판한다. 그리고 이 공동체를 넘어서자고 제안한다. 모든 사람들이 평등하고 자유로운, 그리고 일상 속에서도 삶의 의미를 발견할 수 있는 새로운 공동체를 만들자고 말이다.

비판. 이 단어는 마르크스와 엥겔스가 가장 좋아했던 단어다. 그들의 저작에서는 '비판' 이라는 단어가 수없이 등장한다. 이제 살펴보게 될 『공산주의 선언』에서도 우리는 저자들의 통렬하고 가차 없는 비판을 만나게 될 것이다. 그런데 많은 사람들은 그들의 비판을 불편해 하거나 심지어 위험스럽게 느낄지도 모른다. 왜냐하면 그들이 비판하고자 하는 대상은 다름 아닌 우리가 발 딛고 서 있는, 우리의 생존 조건이기도 한 '현실' 자체이기 때문이다. 그 현실이란 바로 자본주의다. 마르크스와 엥겔스는 심지어 자본주의가 영원할 수 없으며, 결국 자신의 모순으로 인해 언젠가는 붕괴하고 말 것이라는 주장으로 나아간다.

이러한 암울한 내용을 담고 있음에도 『공산주의 선언』에 흐르고 있는 어조는 결코 비관적이지 않다. 오히려 낙관적이고 경쾌하기조차 하다. 그 이유는 간단하다. 마르크스와 엥겔스는, 자본주의 사회는 오직 다수를 배제함으로써만 생존할 수 있는 공동체라고 생각했기 때문이다. 따라서 이러한 공동체가 머지않은 미래에 붕괴하고 말 것이라는 사실에 아무런 불안감을 느끼지 않았다. 물론 그들은 자본주의 사회가 자동적으로 붕괴할 것이라고 생각한 적은 결코 없었다. 다만 자본주의 사회에서 고통받고 있는 사람들에 의해 새로운 공동체를 향한 운동이 자발적으로 일어나게 될 때 자본주의의 '조종弔鐘'이 울릴 것이라고 믿었다. 그리고 이 새로운 공동체를 향한 운동을 '공산주의'라고 이름붙였다.

본문에 들어가기 전에 한 가지 지적해야 할 사항이 있다. 관심 있는 독자라면 이 책의 제목이 한국에서 널리 통용되고 있는 '공산당 선언'이 아니라, '공산주의 선언'임을 눈치챘을 것이다. 이는 자의적인 선택이라기보다는 저자들 스스로가 1872년 독일어 2판부터 '공산당 선언'에서 '공산주의 선언'으로 제목을 변경했다는 사실에 우선 충실하기 위함이다. 그리고 더 나아가 이러한 제목 변경의 의미를 강조하기 위해서이다. 마르크스와 엥겔스는 공산주의가 사람들의 자발적인 운동이어야 함을 점차 확신하게 되었다. 공산주의는 정당 같은 특정한 조직에 의해 독점되어서는 안 된다는 것이다. 하지만 20세기의 역사에서 이 사실은 그리 중요하게 인식되지 못했다. 그 결과 많은 사회주의 국가에서는 공산주의의 주도권이 점차 공산당으로 집중되었고, 공산당 자체가 권력 기구가 되는 비극을 맞기도 했다. '공산주의 선언' 이라는 제목을 택한 것은 이러한 역사적 비극을 반성하고, 『공산주의 선언』의 본래적 의미를 강조하기 위해서이다.

『공산주의 선언』은 많은 사람들이 인정하는 대로 중요한 '고전' 임에 틀림없지만, '고전' 을 넘어서는 저작이기도 하다. 『공산주의 선언』에는 단지 과거의 것으로만 한정할 수 없는, 오늘날에도 여전히 생생한 생명력이 담겨져 있으며 쉽게 길들여지지 않는 어떤 '불순함' 이나 '위험성' 을 발견할 수 있기 때문이다. 『공산주의 선언』의 이러한 성격이 잘 드러나는 것은 바로 다음과 같은 문장에서일 것이다.

> 지배 계급들로 하여금 공산주의 혁명 앞에서 전율케 하라. 프롤레타리아들에게는 족쇄 말고는 공산주의 혁명에서 잃을 것이 아무것도 없다. 그들에게는 얻어야 할 세계가 있다. 만국의 프롤레타리아여, 단결하라! 4장

어떤 사람들은 이 문장의 의미를 애써 '과거'에 가두면서, 마르크스의 단언은 틀렸다고 비난한다. 마르크스가 예견했던 혁명은 결국 실패로 끝났다는 것이다. 하지만 그들은 오해한 것이다. 왜냐하면 이 문장은 과학적 예견을 위한 것이 아니라, 실천을 위한 것이기 때문이다. 『공산주의 선언』은 읽는 이들에게 냉철한 두뇌와 함께 뜨거운 가슴을 가질 것을 요구한다. 또한 마르크스와 엥겔스가 말하는 '혁명'은 과거에 관한 것이 아니라, 바로 현재에 관한 이야기

이다.

사회주의 국가들이 이미 붕괴해 버린 21세기에 왜 『공산주의 선언』을 읽어야 하느냐고 묻는 사람들에게, 나는 마르크스와 엥겔스의 입을 빌려 다음과 같이 말하고 싶다. "상황이 아무리 많이 변했다 하더라도, 『공산주의 선언』에 개진되어 있는 일반적 원칙들은 대체로 오늘날에도 여전히 완전한 정당성을 지니고 있다." 그리고 여기에 하나 더 추가한다면, 이렇게 말해 볼 수도 있을 것이다. "자본주의가 지속되는 한, 새로운 공동체를 향한 운동으로서의 공산주의도 계속될 것이다."라고 말이다.

2007. 8.

박찬종

차 례

프롤로그

1842년의 어느 날

엥겔스는 좁은 계단을 올라가 도달한 사무실 문 앞에서 호흡을 가다듬었다. 그리고 모자를 다시 한 번 고쳐 쓰고, 옷매무새를 다듬었다. 군데군데 갈라진 낡은 싸구려 목재 문에는 어울리지 않는 고급스럽고 단단해 보이는 현판이 〈라이니셰 차이퉁〉(Rheinische Zeitung, 라인 신문)이라는 이름을 뽐내며 걸려 있었다. 마치 사무실 주인의 성격과 분위기를 고스란히 전해 주는 듯했다. '드디어 그를 만나는군.' 엥겔스는 약간의 설렘을 느끼며 문을 두드렸다. 그리고 더 이상 기다릴 수 없다는 듯, 성급하게 문을 열었다.

사무실 안에는 몇 명의 사람들이 각기 책상을 차지하고 무엇인가를 하고 있었다. 그 가운데서도 특히 창가의 커다란 책상 앞에 앉아 일에 몰두하고 있는, 땅딸막한 체구에 수염이 텁수룩하고 피부가 까무잡잡한 사내가 눈에 들어왔다. 엥겔스는 한눈에 그를 알아볼 수 있었다. 그가 바로 베를린 일군의 젊은 지식인들에게 전설이 된 칼 마르크스였다. 〈라이니셰 차이퉁〉의 편집장인 마르크스는 보잘

것없는 외모였지만 익히 들어온 대로, 눈이 내뿜는 광채와 웅장한 말갈기 같은 머리카락이 더해져 주위 사람들에게 존경을 요구하는 듯한 거부할 수 없는 힘을 느끼게 했다. 엥겔스는 이에 주눅들지 않고 자신 있는 태도로 마르크스에게 다가가 손을 내밀었다.

"저는 베를린에서 온 프리드리히 엥겔스라고 합니다. 영국으로 가는 도중 잠깐 들렀습니다. 저는 마르크스 박사님과의 만남을 오래 전부터 고대하고 있었습니다."

마르크스는 아무 말 없이 일어나 그에게 의자를 권했다. 그리고 느닷없이 찾아온 엥겔스라는 사내를 찬찬히 살펴보았다. 훤칠한 키의 이 젊은 남자는 마르크스보다 서너 살 적은 듯했지만 그의 태도나 표정, 말투는 나이보다 훨씬 기품 있어 보였다. 흰 피부에 오똑한 콧날, 잘 정돈된 머리, 얼핏 보아도 알 수 있는 값비싼 최신 유행의 양복이 그가 부유한 가문 출신임을 말해 주고 있었다.

"제가 베를린에 도착했을 때, 이미 당신은 그곳을 떠났더군요. 하지만 그곳에서 박사님에 대한 이야기를 많이 들었습니다. 우리 '자유인' 클럽 회원들은 당신을 존경합니다. 그래서 저는……."

마르크스는 엥겔스의 장황한 말을 끊으면서 냉담하게 말했다.

"제가 베를린에 있었을 때는 '자유인' 클럽이란 건 없었습니다."

엥겔스는 당황했다. 상대에 대한 호의가 냉담한 반응으로 되돌아오는 것을 느끼면서 순간 움츠러들었지만, 엥겔스는 이 거침없는 사내에게 자신이 찾아온 이유를 보다 정중한 말투로 설명했다.

●●●
마르크스와 엥겔스의 첫 만남은 짧고 어색한 분위기 속에서 이루어졌지만, 평생 지속될 우정의 시작이었으며 공산주의 운동의 새로운 장을 열게 될 역사적인 순간이었다. 젊은 마르크스(왼쪽)와 엥겔스.

"제가 박사님을 찾아온 이유는 마이엔 씨로부터 부탁을 받았기 때문입니다. 마이엔 씨는 오래 전부터 〈라이니셰 차이퉁〉의 기고자로서, 최근의 편집 방향에 대해 약간의 불만을 표시해 달라고……."

그러나 엥겔스의 말은 다시 한 번 마르크스에 의해 끊기고 말았다. 마르크스는 자신 앞에 앉아 있는 이 준수하고 정중한 청년에게 거침없는 말투로 쏘아대듯 말했다.

"그렇습니까! 저는 물론 마이엔 씨를 알고 있지요. 그렇지 않아도 지금 막 그에게 편지를 쓰려던 참이었는데 직접 찾아오셨으니 당신께 말씀드리기로 하지요. 편집자로서 제 입장을 분명히 밝히겠습니다. 당신들이 공산주의나 사회주의에 대해서 말하려면, 호언장담이나 독선적인 자아도취 같은 애매한 방식이 아니라 좀 더 명확함을 중시하고 구체적 현상을 보다 깊이 연구해야 합니다. 마이엔 씨가 보내온 원고들은 세계를 혁명적으로 바꾸자는 취지이기는 하지만, 아무런 사상도 담겨 있지 않은 잡문에 불과합니다!"

마르크스가 〈라이니셰 차이퉁〉의 편집장을 맡기 전까지만 해도 마이엔과 그의 동료들의 글은 이 신문에 자주 실리곤 했다. 그러나 신임 편집장인 마르크스가 보기에 마이엔의 글은 핵심 내용이 빠진 공문구에 불과했다. 마이엔은 공산주의나 사회주의 같은 새로운 세계관을 본격적으로 다루기보다는 연극 비평 같은 형식을 빌려 우회적으로 제시할 뿐이었다. 그 때문에 마르크스는 마이엔의 기고문을 거절하기 일쑤였고, 엥겔스는 이에 대한 마이엔의 불만을 전달하러 온 것이었다.

당대의 진보적 신문인 〈라이니셰 차이퉁〉의 기사는 검열관들에 의해 수시로 삭제되곤 했다. 이러한 문제로 신경이 곤두서 있던 마르크스는 느닷없이 찾아온 엥겔스가 자아도취에 빠져 있는 마이엔 같은 부류의 공상가로밖에는 보이지 않았던 것이다. 마르크스는 차가운 표정으로 자신이 보고 있던 원고로 다시 눈을 돌렸다.

"잘 알겠습니다. 하지만 당신의 평가에 대해서는 동의하기 힘들군요."

엥겔스의 말투는 조금 떨렸지만 여전히 침착한 태도를 잃지 않았다. 마르크스에 대한 어느 정도의 존경과 호기심은 점차 그의 무례함과 냉담함에 대한 실망으로 바뀌고 있었다. 엥겔스는 의자에서 일어나 정중히 인사한 뒤 문으로 발길을 돌렸다.

"영국으로 가시는 길이라고 했던가요?"

마치 언제 그랬냐는 듯 마르크스는 지금까지와는 전혀 다른 따뜻한 말투로, 문을 향해 발걸음을 옮기고 있던 엥겔스를 향해 물었다. 어리둥절해하는 엥겔스를 바라보면서 마르크스는 천진난만한 표정으로 말을 이었다.

"영국에 가시면 그 나라에서 일어나는 일, 그러니까 노동자들의 저항이나 의회의 바보들이 꾸며 내는 일들에 대해 알려 주실 수 있을까요? 영국은 대단히 흥미로운 섬나라지요. 안 그렇습니까?"

"아…… 기꺼이 그러도록 하겠습니다. 그럼 안녕히 계십시오."

엥겔스는 〈라이니셰 차이퉁〉의 문을 닫고 나와 큰 한숨을 내쉬었다. 처음 대면한 마르크스는 들어왔던 대로 '만 마리의 악마가 그의 머리카락을 움켜쥐고 있는 것' 같이 무례하고 거침없었지만, 거스를 수 없는 힘과 권위를 발산하는 인물이었다.

"정말 알 수 없는 사람이군."

엥겔스는 혼잣말로 읊조렸다.

이렇듯 마르크스와 엥겔스의 첫 만남은 짧고 어색한 분위기 속에서 이루어졌다. 그러나 이는 마르크스와 엥겔스가 평생 동안 지속해 나갈 우정의 시작이었으며, 세상을 바꾸게 될 역사적인 사건의 시작이었다. 물론 당시의 젊은 마르크스와 엥겔스는, 이후 프랑스 파리에서 다시 만나기까지 이 만남의 의미를 전혀 깨닫지 못했다. 『공산주의 선언』이 세상에 나오기 6년 전인, 차갑고 황량한 바람이 불던 1842년 11월의 어느 날이었다.

1장
『공산주의 선언』의 싹이 트다

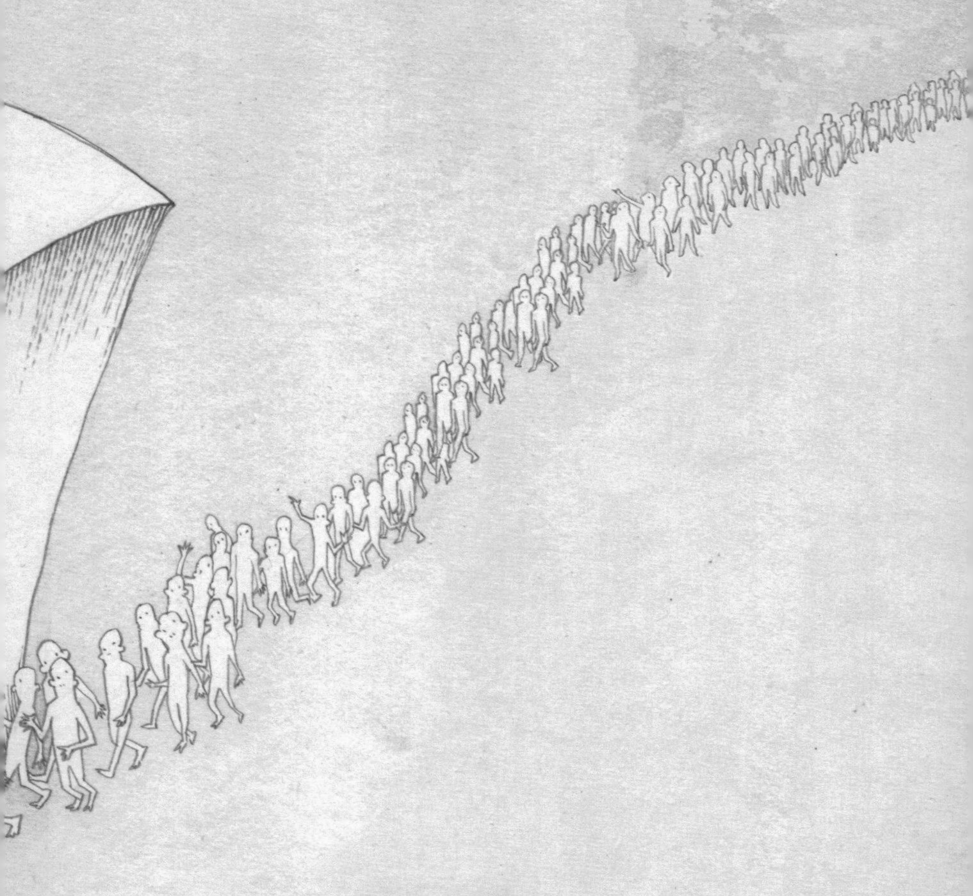

성격이 다른 두 친구 : 마르크스와 엥겔스

칼 마르크스Karl Marx는 1818년, 프로이센의 트리어Trier에 정착해 살고 있던 하인리히 마르크스Heinrich Marx와 헨리에테 마르크스Henriette Marx 사이에서 태어났다. 변호사였던 아버지 하인리히는 왕정보다는 민주적 대의제를 옹호하는 개혁적인 인물로서, 전통과 명분보다는 실용성을 중시했다. 그는 본래 히르셸이라는 이름을 가진 유대인이었으나, 프로이센 정부가 1812년 유대인에 대한 공직 및 전문직 취업을 금지시키자, 재빨리 하인리히라는 독일식 이름으로 바꾸고 유대교에서 기독교로 개종했다. 칼의 어머니 헨리에테 마르크스는 가족에게 헌신적인 전형적인 중산층 주부여서, 가족에서 시작해 가족으로 끝날 정도로 늘 가족의 일을 걱정했다. 특히 생계를 유지하는 데는 전혀 관심이 없고, 오직 공부와 혁명에만 모든 관심을 집중하고 있는 아들의 모습은 헨리에테에게 평생의 걱정거리였다. 칼 마르크스가 49세 되던 1867년 반평생에 걸쳐 인류 역사상 가장 위대한 책 가운데 하나인 『자본』을 완성했을 때, 헨리에테는 아들에게 보낸 편지에서 다음과 같이 말했을 정도였다. "자본에 대한 책을 쓰는 것보다는 너도 이제 자본을 좀 벌었으면 좋겠구나."

자유주의적인 아버지와 가정적인 어머니 외에 소년기의 마르크스에게 커다란 영향을 주었던 인물은, 아버지의 친구이자 수년 후에는 마르크스의 장인이 되는 루트비히 폰 베스트팔렌Ludwig von Westphalen이었다. 그는 귀족 출신이었지만 근엄한 형식만을 중시하는 꽉 막힌 사람이 아니었다. 그는 그리스 고대 문학에 대한 조예가 깊었고 셰익스피어를 존경했으며, 낭만주의 문학을 좋아했다. 베스트팔렌의 이러한 성향은 소년기의 마르크스에게 큰 영향을 끼쳤다. 마르크스는 나이가 들어서도 셰익스피어를 읽고 또 읽었으며 일상적인 대화에서나 『자본』 같은 딱딱한 글을 쓸 때에도 종종 셰익스피어와 그리스 신화의 구절을 인용하곤 했다. 베스트팔렌은 마르크스의 총명함을 일찌감치 알고 있었기 때문에 자신의 서재를 자유롭게 이용해도 좋다고 허락해 주었다.

소년기의 마르크스는 '탁월한 집중력과 총명함'을 인정받았으며, 1835년 17세의 나이로 집을 떠나 법학을 공부하기 위해 본Bonn 대학에 입학했다. 대학생이 되어서도 그의 지적 능력은 놀라울 정도로 발전해 갔지만, 마르크스의 생활은 모범생의 그것과는 거리가 멀었다. 본 대학에서 받은 1학년 성적표에는 다음과 같은 기록이 남겨져 있다.

> 칼 마르크스는 매우 근면하고 집중력이 있다. 그러나 그는 밤에 술에 취해 소란을 피워 하루 동안 구금당하는 벌을 받게 되었으며 〔…〕 이후에는 금지된 무기(권총)를 소지했다는 이유로 고발당했다.

실제로 마르크스는 집을 떠난 '젊은 자유인'으로서 자주 술집을 드나들었고, 친교 모임의 회장을 맡으면서 더욱 시끄럽게 술에 취하곤 했다. 더군다나 같은 술집을 드나들던 다른 무리들과 패싸움을 벌여 부상을 입는 일도 있었다. 마르크스의 아버지는 이 일로 크게 격노했고, 아들을 베를린 대학으로 전학시켰다.

베를린 대학으로 옮긴 마르크스는 더 이상 격투를 벌이거나 패싸움을 하지는 않았지만 대학 생활 3년 동안 강의실에는 거의 나타나지 않았다. 왜냐하면 법학은 이제 더 이상 마르크스의 관심을 끌지 못했기 때문이다. 대신 그가 열정적으로 빠져들었던 것은 '변증법'으로 대표되는 헤겔Friedrich Hegel의 철학이었다. 헤겔 변증법은 당시 독일 지식인들 사이에서 큰 유행이었다.

그런데 헤겔 철학의 해석을 둘러싸고 큰 이견이 있었다. 마르크스 같은 젊은 지식인들은 헤겔 철학을 오직 상아탑에서만 논의하는 고리타분한 철학이 아니라, 당시의 독일 현실을 바꿀 수 있는 지적인 무기로 삼고자 했다. 이처럼 '청년'의 혈기와 도전 의식으로 헤겔 철학을 보다 급진적으로 해석하려 했던 젊은 철학도들을 가리켜 '청년 헤겔파'라고 불렀다.

하지만 당시의 상황은 마르크스 같은 '청년 헤겔주의자'들에게 그리 우호적이지 않았다. 청년 헤겔파는 사상이 불온하다는 이유로 정부의 감시를 받았으며 학교에서도 박해를 받았다. 왜냐하면 이들은 헤겔 철학을 급진적으로 해석함으로써 '신은 존재하지 않는다'는 결론을 내렸기 때문이다. 당시에 이와 같은 무신론은 철저하게 금지되어 있었다.

답답함을 느낀 마르크스는 구태여 학교에 나가지 않았다. 낮이면 하숙집에 앉아 책을 읽고 글을 쓰고 담배를 피웠으며, 저녁이면 자신과 비슷한 생각을 가진 '청년 헤겔파' 사람들과 토론을 하고 술을 마셨다. 토론의 중심은 언제나 마르크스였다. 그는 다른 사람과의 토론에서 절대로 지기 싫어했고 실제로도 지는 일이 거의 없었다. 마르크스는 당시 다른 동료들보다 예닐곱 살이나 어렸음에도 그의 박식함과 천재성은 좌중을 사로잡는 힘이 있었다. 그는 동료들 사이에서 금세 유명해졌다. 당시 마르크스를 관찰했던 한 동료는 자신의 친구에게 보내는 편지에서 다음과 같이 썼을 정도였다.

그는 물건일세. 우리는 분야가 아주 비슷한데도 그는 나에게 엄청나게 강한 인상을 주었지. 간단히 말해, 현세대 최고의 또 어쩌면 유일하게 진짜일지도 모르는 철학자를 만날 준비를 하게. (…) 그는 가장 심오한 철학적 진지함과 가장 신랄한 재치를 겸비한 인물이라네. (…) 그게 바로 마르크스라네.

마르크스는 1841년 봄에 그리스 자연철학에 관한 논문 「데모크리토스와 에피쿠로스 자연철학의 차이」로 박사 학위를 받았지만, 청년 헤겔주의자로서 '위험인물'로 찍힌 그를 교수로 채용하려는 학교는 아무 데도 없었다. 마르크스는 베를린을 떠나 쾰른으로 향했고, 이내 〈라이니셰 차이퉁〉에서 일하게 되었다. 그가 신문사에 취직한 것은 다른 일자리를 구할 수 없었기 때문만은 아니다. 마르크스는 자신의 생각을 보다 공개적으로 표현할 수 있으며, 보수적인 프로이센 정부를 비판할 수 있는 자리로서 신문사만큼 좋은 직장은 없다고 판단했던 것이다.

'청년 헤겔파' 사이에서 주목을 받았던 마르크스의 논쟁 능력은 이제 프로이센 정부를 상대로 발휘되었다. 1842년부터 1843년까지 마르크스는 당시 대표적인 사회 문제였던 소농과 날품팔이꾼, 모젤 강변의 포도 재배 농민들이 처한 비참한 상황에 대해 몇 차례에 걸쳐 폭로 기사를 실었다. 그는 정부가 이들을 위한 실질적이며 진지한 조처를 취하지 않는 것에 대해 신랄하게 비판했다. 편집장으로서 마르크스의 공격적인 태도는 프로이센 정부의 미움을 사기에 충분했고, 곧 〈라이니셰 차이퉁〉은 주요한 검열 대상이 되었다. 하지

•••
7년의 연애 끝에 마르크스와 결혼한 예니는 평생 가난에 시달려야 했으며, 이로 인해 두 아이를 잃는 슬픔을 겪기도 했다.

만 마르크스는 결코 자신의 뜻을 굽히지 않았다. 오히려 정부의 검열에 대해 편집장을 사임하는 것으로 항의의 뜻을 표현했다. 그리고 친구에게 다음과 같은 편지를 남기고는, 7년간의 연애 끝에 갓 결혼한 아내 예니 베스트팔렌과 함께 프랑스의 파리로 향했다.

> 자유를 위한답시고 머슴과 같은 굴종적인 삶을 받아들이는 것은 옳지 않네. 나는 세상에 가득 찬 위선과 어리석음, 우스꽝스러운 권위와 그에 대한 굴복에 염증을 느낀다네. 나는 더 이상 독일에서는 아무것도 새로 시작할 수 없을 것 같아. 여기서는 사람들이 자기 자신조차 위조하려고 한다네.

프리드리히 엥겔스Friedrich Engels는 1820년 11월 28일 프로이센의 바르멘에서 공장주의 아들로 태어났다. 몇 대째 섬유 공업을 이끌어 온 유서 깊고 부유한 집안의 맏아들이었던 엥겔스는 어렸을 때부터 금욕적이고 종교적인 교육을 받았다. 엥겔스의 아버지는 가업을 뒤이을 엥겔스에게 경영인으로서 갖춰야 할 덕목과 교양을 가르치고자 했고, 엥겔스는 적어도 '외양상으로는' 말 잘 듣는 성실한 아들로 성장했다. 마르크스가 부모에게 항상 반항적인 태도를 보인 것과는 대조적으로, 엥겔스는 항상 유순하게 부모의 뜻을 따르는 듯 보였다.

엥겔스는 조용하고 신중한 학생이었지만 결코 방구석에만 죽치고 있지는 않았다. 그는 집 밖에서 산책하거나 운동하는 것을 즐겼다. 또한 공장주의 아들이었던 까닭에 어려서부터 도시와 공장 주변의 광경을 관찰할 수 있는 기회가 많았다. 그곳의 모습은 사춘기의 엥겔스에게 특히 큰 충격을 주었다. 도시와 공장 주변에는 아름다운 자연 풍광 대신, 직조공 · 염색공 · 표백공들처럼 어엿한 기술과 일터를 가지고도 하루하루 입에 풀칠하기조차 힘들 정도의 비참한 삶을 사는 공장 노동자들이 있을 뿐이었다. 이럴 지경이니 뚜렷한 기술이 없는 날품팔이꾼의 생활은 상상할 수 없을 정도로 처참했다. 푼돈을 받고 하루 종일 공장에서 혹사당하는 아이들을 보는 것도 일상적인 풍경이었다. 사춘기 시절에 엥겔스가 관찰했던 공장 지역의 모습은 그가 자본주의 사회의 모순을 인식하는 계기가 되었다.

엥겔스는 유난히 호기심이 많고 학습욕이 높았다. 그는 학교에서 히브리어, 라틴어, 그리스어, 프랑스어 같은 다양한 언어를 습득하는 한편 종교, 역사, 수학과 물리 같은 자연과학을 수강하면서 대학 입시를 착실하게 준비해 나갔다. 하지만 엥겔스가 17세 되던 해 그의 아버지는 엥겔스가 본격적인 경영 수업을 받기를 원했다. 엥겔스는 하던 공부도 끝마치지 못한 채 대학을 포기해야만 했고, 아버지의 회계 사무실에서 견습공으로 일하면서 경영 수업을 받아야 했다. 그는 경영인이 되는 것을 결코 원하지 않았지만, '착한 아들'로서 아버지의 뜻을 거스를 수는 없었다. 하지만 이 시기 엥겔스의 진짜 관심은 다른 곳에 있었다.

엥겔스는 2세 경영인으로서 착실하게 경영 수업을 받는 한편, 대다수의 노동자들이 겪고 있는 비참함, 공장주와 경영인들이 이들에게 행사하는 위선과 비인간성에 관심을 집중했다. 그는 지역 신문에 당시의 상황을 고발하는 기사를 '오스발트'라는 가명으로 투고하기도 했다. 군 복무를 위해 1년 간 베를린에 머무는 동안, 그는 시간이 날 때마다 베를린 대학에 가서 다양한 강의를 청강했다. 경영 수업 와중에서도 틈틈이 독학으로 철학, 정치학, 경제학 같은 다양한 분야를 공부해 왔던 엥겔스에게 체계적인 대학 수업은 그냥 지나칠 수 없는 기회였다. 엥겔스가 '청년 헤겔파'에게 관심을 가지게 된 것도 이 즈음이었다. 베를린 대학 청년 헤겔주의자들의 진보에 대한 열망과 세상을 바꾸려는 혁명적 의식은 그를 사로잡기에 충분했다.

하지만 1842년 베를린을 떠나 런던에서 생활하는 동안 엥겔스는 종교와 인간의 관계, 인간의 정신적 자유 같은 철학적인 문제에만 집중하였던 청년 헤겔주의의 영향에서 벗어나게 되었다. 당시 영국은 자본주의를 세계로 확산시키고 있었던 '세계의 굴뚝'이었다. 산업은 급속히 발전하고 있었으며, 곳곳에 수많은 공장들이 세워졌고, 수많은 공장 노동자들이 생겨났다. 이곳에서 엥겔스는 노동자들을 직접 만나 그들의 비참한 생활과 물질적 상황, 꿈과 희망에 대해 진솔한 이야기를 들으려 애썼다.

이때 엥겔스를 도와준 이는 아일랜드 출신의 젊은 여성 노동자 매리 번즈였다. 검은 눈에 정열적이고 단호한 성품을 지닌 매리는 강한 계급의식으로 공장주의 아들이었던 엥겔스의 마음을 단번에 사로잡았고, 그녀에 대한 그의 감정은 단순한 호감을 넘어 존경심으로까지 발전하였다. 매리는 공장에서 일하는 시간 외에는 다른 노동자들과 교류하는 일에 전념했다. 그런 매리가 노동자들의 실상에 대해 연구하려는 엥겔스의 결심을 지지하고 적극적으로 도운 것은 당연한 일이었다.

매리는 엥겔스와 함께 보통의 공장주라면 전혀 관심을 가지지 않았을, 노동자들의 집단 거주지를 방문하면서 그에게 노동자들의 비참한 생활을 있는 그대로 보여 주었다. 또한 엥겔스와 매리는 노동자들의 정치 집회에 함께 참석했고, 노동자들의 대열에 끼여 파업을 직접 체험했으며, 미래 사회에 대한 노동자들의 토론에 귀를 기울이기도 했다. 엥겔스는 훗날 이 시절의 자신에 대해, "나는 중산층으로서 누릴 수 있는 사치와 향연, 붉은 포도주와 샴페인을 포기했다. 대신 나의 자유 시간을 오로지 노동자들과의 교류에 바쳤다."고 회상하기도 했다.

엥겔스는 영국에서의 경험을 통해 두 편의 글을 발표했다. 하나는 토머스 칼라일의 『과거와 현재』에 대한 서평이었고, 다른 하나는 「국민경제학 비판 개요」였다. 이 글들은 마르크스가 몸담고 있던 『독일-프랑스 연보』라는 잡지에 실렸다. 특히 두 번째 글에서 엥겔스는 사적 소유가 계급을 발생시키고 노동자를 착취하는 악의 근원이라고 주장했다. 바꿔 말하면 자본주의에서 발생하는 계급간의 분열과 격차는 근본 원인인 사적 소유를 폐지해야만 극복될 수 있다는 것이었다. 또한 사적 소유를 폐지하고 그 결과로 자본가와 노동자 사이의 격차를 없애는 '영웅적 행위'를 완수하는 주체는 '노동자 계급'이라고 단호하게 말했다. 그는 노동자들의 생활상에 대한 관찰과 경험을 바탕으로 『영국 노동자 계급의 상태』라는 책을 출판하기도 했다.

이 글들은 엥겔스에게 삶의 전환점을 제공해 주었다. 이제 그는 공공연하게 노동자 계급의 편에 서기 시작했으며, 급기야는 자신의 출신 성분인 자본가 계급과 궁극적으로 단절하기로 마음먹었다. 그것은 공장주의 아들로서, 편안한 미래를 보장받은 청년으로서 쉽지 않은 결심이었다.

『영국 노동자 계급의 상태』와 「국민경제학 비판 개요」는 당시 파리에 있던 마르크스에게도 깊은 인상을 남겼다. 영국 자본주의에 대한 엥겔스의 분석은 이들 관계에 새로운 전기를 마련해 주었다. 청년 헤겔주의자들의 추상적인 관념론에 답답함을 느끼고 있던 마르크스에게, 가장 발전된 자본주의 국가에서 살아가는 노동자들의 비참한 실상과 그것을 낳는 경제 법칙에 대해 설명하는 엥겔스의 글들은 가뭄의 단비와도 같았다.

마르크스는 당장 엥겔스와 서신 왕래를 시작했고, 다양한 사회 현실에 대해 서로 의견을 나눴다. 아쉽게도 이때의 편지들은 지금 한 통도 남아 있지 않지만, 편지 왕래를 통해 처음에 가졌던 오해가 풀리고 서로의 관점이 같을지도 모른다는 생각에 도달하게 되었음은 분명하다. 하지만 마르크스와 엥겔스가 완전히 뜻이 같은 사람, 즉 동지同志임을 확신하게 된 것은 첫 만남을 가진 2년 뒤 1844년 파리에서의 두 번째 만남을 통해서였다.

두 번째 만남, 그리고 그 이후

1844년 8월 마르크스와 엥겔스는 파리의 한 카페에서 다시 만났다. 그들의 대화는 카페가 문 닫을 시간까지 계속 이어졌고, 마르크스는 엥겔스에게 자신의 아파트로 가서 이야기를 계속하자고 제안했다. 그들의 대화는 엄청난 양의 등잔 기름과 붉은 포도주를 소비하면서 열흘 동안이나 지속되었고, 대화가 끝났을 때 둘은 변치 않는 우정을 맹세했다. 이 열흘 동안 과연 어떤 이야기들이 오갔던 것일까? 성격이 확연히 다른 두 사람이 이후 40년 동안 우정을 지속시킬 수 있었던 힘은 과연 무엇이었을까? 불행히도 우리의 궁금증을 풀어 줄 수 있는 이 '열흘'에 관한 기록은 거의 없다. 다만 40

년 뒤에 엥겔스가 쓴 다음과 같은 단 하나의 문장만이 남아 있을 뿐이다.

> 내가 1844년 여름 파리로 마르크스를 찾아갔을 때, 우리가 모든 이론 분야에서 의견이 같다는 것이 분명해졌으며 우리의 공동 작업은 그때부터 시작되었다.
>
> — 엥겔스, 「공산주의자 동맹의 역사에 관하여」, 『저작 선집6』

하지만 마르크스와 엥겔스의 생각이 완전히 일치하기 위해서는 몇 번의 과정을 더 거쳐야 했던 것 같다. 1844년 여름부터 『공산주의 선언』이 발표되던 1848년까지 이들은 몇 편의 글을 공동으로 저술했다. 이 글들은 마르크스와 엥겔스가 세상에 대해 자신들의 비판적 칼날을 세우는 수단이기도 했지만, 동시에 이들 사이의 정치적 입장을 조율하는 과정이기도 했다.

마르크스와 엥겔스의 최초의 표적은, 몇 년 전만 해도 그들과 긴밀한 관계에 있었던 청년 헤겔주의자들이었다. 청년 헤겔주의자들은 당시의 현실을 강도 높게 비판했고 세계의 중심이 종교가 아니라 인간임을 인식했지만, 그 비판은 여전히 관념적이고 추상적인 수준에 머물러 있었다. 다시 말하면 공허한 '말들' 뿐이었다. 마르크스와 엥겔스는 『신성 가족』과 『독일 이데올로기』라는 책을 함께 저술하면서, 청년 헤겔주의자들의 '말뿐인' 비판은 사실상 세계를 변화시키는 데 별다른 역할을 하지 못할 것이라고 공격했다. 그리고 세상을 변화시키는 가장 중요한 힘은 말이나 관념이 아니라, 인간의 구체적이며 물질적인 실천임을 분명히 했다. 이는 당시 대표적인 청년 헤겔주의자인 포이어바흐에 관해 마르크스가 쓴 짧은 글에서도 명시적으로 나타난다.

> 철학자들은 세계를 단지 여러 가지로 해석해 왔을 뿐이다. 그러나 중요한 것은 세계를 변혁시키는 일이다.
>
> —「포이어바흐에 관한 테제들」, 『저작 선집1』

마르크스와 엥겔스는 이제 완벽한 동지가 되었다. 이들은 평생 동안 편지를 교환하면서 철학과 정치 문제에서부터 다른 동지들에 대한 불평, 내밀한 개인사에 이르기까지 온갖 종류의 이야기들을 나눴다.

엥겔스 자신도 뛰어난 학자였음이 분명하지만, 적어도 마르크스에게만은 자신을 낮췄다. 그는 수십 년 동안 마르크스에게 생활비를 보내 주면서, 평생 동안 변변한 직업이 없었던(그리고 직업을 갖는 데 아무런 관심을 보이지 않았던) 마르크스가 경제적인 문제 때문에 자신의 천재성을 발휘할 기회를 잃지 않도록 배려했다. 그리고 다양한 문제로 어려움을 겪고 있던 마르크스를 재촉하면서 마르크스의 작업이 완성될 수 있도록 독려하기도 했다.

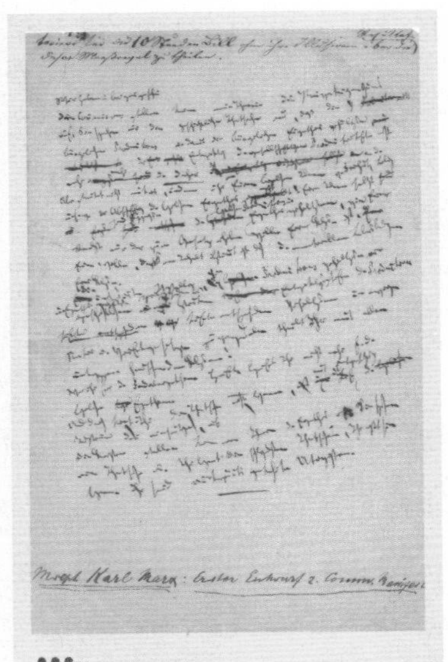

●●●
마르크스의 글씨는 악필이어서 그의 아내 예니와 엥겔스밖에 알아볼 수 없었다. 마르크스가 쓴 『공산주의 선언』 초안.

뿐만 아니라 마르크스의 글씨는 워낙에 악필이었는데, 그의 필체를 알아볼 수 있는 사람은 마르크스의 아내인 예니와 평생 동안 편지를 교환한 엥겔스밖에 없었다(마르크스가 출판하고자 했던 원고가 종종 출판이 늦어지거나 거부되는 경우가 있었는데, 그것은 편집자가 마르크스의 악필을 알아보기가 매우 힘들었기 때문이다). 그런 마르크스의 원고를 교정하고 정리하는 것도 엥겔스의 몫이었다. 실제로 마르크스의 가장 위대한 저작인 『자본』은 총 3권의 분책으로 구성되어 있는데, 1권을 제외한 2, 3권은 마르크스 사후 엥겔스에 의해 출판되었다. 만약 엥겔스가 없었다면 『자본』 2, 3권은 세상에 알려지지 못했을 것이다. 물론 엥겔스만이 마르크스의 생각을 제대로 이해할 수 있었기 때문이기도 하지만, 마르크스의 난잡하고 난해한 필체를 알아볼 수 있었던 사람이 오직 엥겔스뿐이었던 것도 중요한 이유일 것이다.

엥겔스는 이러한 작업에 대해 아무런 불평을 하지 않았다. 오히려 그는 "어떻게 사람들이 천재를 질투할 수 있는지" 도무지 이해할 수 없다면서, "그런 재주가 없는 우리는 처음부터 그것이 얻을 수 없는 권리임을 안다. 그런 재능을 시기하는 사람은 자신이 지독하게 속이 좁은 인간임을 보여 주는 꼴밖에 안 된다."(엥겔스가 베른슈타인에게 보낸 편지)고 썼다. 엥겔스는 마르크스가 연구와 저술에 전념할 수 있도록 뒷받침하고 물질적으로 돕는 게 역사가 자신에게 부여한 임무라고 생각했던 것이다.

『공산주의 선언』의 두 저자인 마르크스와 엥겔스, 『공산주의 선언』이 출판된 1848년에 각각 30세, 28세였던 두 사람은 이렇게 역사 속에 등장했다. 그러나 우리가 『공산주의 선언』의 탄생을 제대로 이해하기 위해서는 또 다른 측면을 살펴보아야 한다. 왜냐하면 『공산주의 선언』은 마르크스와 엥겔스라는 두 천재의 작품일 뿐만 아니라, '역사'라는 또 다른 저자의 산물이기도 하기 때문이다. 이 위대한 저작은 18세기 후반부터 진행되었던 두 개의 거대한 '혁명', 즉 프랑스 혁명과 산업 혁명의 소용돌이 속에서 잉태되었다.

돋보기 1

헤겔의 변증법과 청년 헤겔파

●●●
헤겔은, 역사란 인간 정신이 스스로를 완성해 가는 과정이라고 생각했다. 마르크스는 헤겔 변증법을 일면 수용하면서도 이러한 관념론적 성격을 비판했다.

변증법 dialectic이란 어원에서 유추할 수 있듯이 본래 '문답법'에서 연원한다. 마치 두 사람이 대화 dialogue하듯이 서로의 비판에 응답하는 과정을 반복하면서 진리에 도달하는 것과 같이, 변증법이란 서로 대립된 의견이 동일화 혹은 통일화되어 가는 논리이다.

헤겔의 변증법도 마찬가지여서, 그것의 가장 핵심적인 내용은 '대립물들의 통일' 혹은 '부정의 부정'이다. 헤겔에 따르면 역사는 서로 독립되어 보이거나 심지어 대립하고 있는 것처럼 보이는 요소들이 통일성을 회복해 가는 장구한 과정이다. 따라서 그에게 변증법이란 '대립물을 그것의 통일체 안에서 파악하는 것, 혹은 긍정적인 것을 부정적인 것 안에서 파악하는 것'이 된다. 이렇게 본다면 세계에 존재하는 그 어떤 것도 정지해 있는 것이 아니라 운동 중에 있으며 항상 변화하고 있는 셈이다.

그런데 헤겔은 모든 사물을 통일성으로 향하게 하는 과정의 주체를 다름 아닌 '정신'으로 보았다. 역사는 곧 정신이 스스로를 완성해 가는 과정인 것이다. 이는 헤겔 변증법이 관념적이고 사변적임을 암시한다. 실제로 마르크스가 헤겔의 변증법을 일면 수용하면서도 비판하는 가장 중요한 이유는 바로 이러한 관념론적 성격 때문이었다.

'청년 헤겔파' 는 헤겔의 철학을 급진화했던 일군의 젊은 철학도로서, 대표적인 인물은 『기독교의 본질』을 저술한 포이어바흐였다. 그는 '정신' 의 궁극적 완성 형태가 인간의 이성을 초월하는 '절대지' 라는 헤겔의 주장은, 결국 인간을 초월적 존재에 종속시킬 뿐이라고 비판했다. 오히려 그는 모든 사물은 인간 이성의 산물임을 주장하면서, 기독교 또한 예외가 아니라고 강조했다. 포이어바흐의 이 같은 급진적 견해는 마르크스를 포함한 당시의 젊은 지식인들에게 열렬한 지지를 받았지만, 오래지 않아 마르크스는 포이어바흐의 견해 또한 헤겔의 관념론과 완전히 단절하지 못했다고 확신하게 되었다. 포이어바흐는 인간을 '인식하는 주체' 로 파악하는 것까지는 나아갔지만, '실천하는 주체' 로 파악하는 데에는 이르지 못했기 때문이다.

혁명의 소용돌이 속에서: 『공산주의 선언』의 역사적 배경

혁명이란 사람들이 살아가는 사회 안에서 중요한 무엇인가가 근본적으로, 급격하게 변화하는 것을 말한다. 그렇다면 『공산주의 선언』의 역사적 배경이 된 '혁명'은 어떤 변화를 가져왔는가?

오늘날 우리가 당연하게 여기는 삶의 모습들은 사실상 '현대'라는 시대의 산물이라고 할 수 있다. 이처럼 현대를 살아가는 사람들이 생각하고 생활하는 방식, 삶에 대한 태도 등을 보통 '현대성'(혹은 '근대성'이라고도 한다), 영어로는 '모더니티Modernity'라고 부른다. 사람들의 관점에 따라 '현대성'의 가장 핵심 요소가 무엇인지에 대해서는 다양한 입장이 존재해 왔다. 하지만 적어도 다음의 두 가지 변화는 '현대성'을 구성하는 데 있어서 필수적인 요소라고 할 수 있다.

왕이 지배하던 신분제 질서에서 법이 지배하는(적어도 형식적으로는) 평등한 사회로의 변화와, 농업 중심의 사회에서 상품 생산을 중심으로 하는 산업 사회로의 변화가 바로 그것이다. 중요한 것은 이러한 변화가 점진적으로 진행된 것이 아니라 아주 급격하게 이루어졌다는 사실이다. 이 두 가지의 급격한 변화, 즉 정치 혁명과 산업 혁명이라는 '이중 혁명'을 거쳐 비로소 현대성이 형성되었다. 『공산주의 선언』은 바로 현대성이 성립되는 과정에서, 즉 이중 혁명의 한복판에서 탄생했다.

프랑스 혁명과 부르주아지

오늘날 사람들은 적어도 형식적으로는 누구에게나 정치에 대한 권리가 보장되어 있다고 믿는다. 선거에 직접 출마하지 않더라도 정기적으로 투표를 하거나, 시민 단체에 참여하거나, 날마다 신문의 정치 면에 실리는 일들에 대해 자유롭게 토론하는 등 다양한 방법으로 정치에 참여하고 있기 때문이다.

하지만 오늘날과 같이 일반 대중에게 정치에 대한 권리가 보장된 것은 극히 최근의 일이다. 예컨대 플라톤과 아리스토텔레스 같은 고대 철학자들은 적절한 기품과 인격, 지혜를 가진 일부 사람들만 정치를 해야 한다고 주장했다. 생산에 종사하는 다수의 사람들은 정치에 참여할 수 있는 시간이 없을 뿐더러 그에 적합한 기질과 인격을 계발할 수도 없기 때문이라는 것이다. 오늘날의 시각에서는

봉건 사회에서 성직자와 귀족, 영주 들은 자신들의 신분적 특권을 이용해 다양한 명분으로 세금을 거두어 농민들을 착취했다. 성직자와 귀족을 짊어진 농민의 모습을 통해 봉건적 착취 구조를 풍자한 그림.

너무나 불합리해 보이는 이러한 생각은 고대 그리스와 중세를 거쳐 2천여 년 동안 당연시되어 왔다. 그런데 이러한 생각에 최초로 반기를 든 사건이 18세기 프랑스에서 발발했다.

18세기 중반까지 프랑스를 포함한 대부분의 유럽 국가들은 농업을 기초로 한 봉건 사회였다. 봉건 사회에서는 인구의 대부분을 차지하는 농노(토지가 없는 농민)들이 토지를 임대해 경작하고, 대신 영주(토지 주인)에게 농업 생산물의 일부를 지대(대가)로서 제공했다. 오늘날에도 주택을 소유하고 있지 않은 많은 서민들이 집주인에게 전세금이나 월세를 주는 대가로 일정 기간 동안 주택을 임대한다. 하지만 이는 분명히 계약 관계로서 주인-하인 같은 주종 관계는 아니다. 만약 집주인이 터무니없이 전세금을 올린다면 다른 집으로 이사하면 그만이다.

그런데 봉건 사회에서 농노와 영주 사이의 관계는 이러한 계약

관계가 아니라, 영주가 농노의 주인으로서 군림하는 관계였다. 농노들은 거주 이전의 자유가 없었으므로 영주가 마음대로 지대를 올려도 다른 곳으로 옮겨갈 수가 없었다. 뿐만 아니라 영주들은 외부의 침입으로부터 농노들을 보호해 준다는 명분으로 일방적인 복종을 요구했다. 다시 말해 봉건 사회는 영주가 농노들을 경제적으로 지배할 뿐만 아니라, 정치적으로도 지배하는 사회였던 것이다.

이렇게 농노들을 지배하는 영주들과 그들의 영토인 영지들로 하나의 '느슨한' 국가가 이루어졌으며, 영주들은 국가의 우두머리인 군주의 지배를 받았다. 또 영주와 군주들은 로마 교황의 지배를 받았다. 봉건 영주와 귀족들은 자신들의 신분적 특권을 이용해, 인구의 대다수를 차지했던 농노와 소규모 토지를 소유한 일부 자유농들에게 다양한 명분으로 세금을 거두어 생활했다. 반면 농민들은 자신의 소득 가운데 상당 부분을 세금으로 빼앗겼으며, 가격이 단기간에 크게 상승하는 인플레이션으로 고통받기도 했다.

그런데 18세기에 접어들면서 귀족도, 성직자도, 농민도 아닌 '제3신분'이 성장하고 있었다. 이들은 주로 '중류 계층'을 형성하고 있던 사람들로서, 법률가나 문인, 사업가 들이었다. 흔히 '부르주아지bourgeoisie'라고 불리는 이 중류 계층은 스스로의 노력과 능력으로 성공한 사람들이었기 때문에, 자신의 신분에만 의존하면서 흥청망청 생활하는 귀족들을 경멸했다. 귀족들이 소비를 통해 자신의 지위를 과시했다면, 부르주아지는 근검과 노력을 통해 자신의 지위

●●●
루소는 『사회계약론』에서, 국가를 통치하는 사람은 단순한 대행자이며 국가와 정치에 대한 궁극적인 권리는 전체 인민에게 있다고 주장했다. 루소의 사상은 봉건 지배층에 불만이 많았던 당시 부르주아들 사이에서 빠르게 확산되었다.

를 얻었다. 그런데 부르주아지는 농민과 마찬가지로 많은 세금을 납부해야 할 의무가 있었고, 정치에 대한 권리도 제한되어 있었다. 당연하게도 부르주아지의 입장에서는 '자기보다 못난' 귀족들이 오직 신분상의 이유만으로 경제적으로나 정치적으로 자신들보다 더 큰 권력을 행사하는 것에 불만을 가지지 않을 수 없었다.

이러한 상황에서 출판된 루소의 『사회계약론』은 부르주아지에게 큰 영향을 주었다. 루소의 사상은, 국가는 왕을 정점으로 하는 위계적 신분 질서이며 신분에 따른 차별이 정당하다는 통념에 대항하는 강력한 무기였다. 루소에 따르면, 국가는 문명이 발전하면서 발생하는 문제들을 해결하기 위해 인간들의 자유로운 사회계약에 의해 만들어진 것이다. 따라서 국가를 통치하는 사람은 단순한 대행자이며, 국가와 정치에 대한 궁극적인 권리는 전체 인민에게 있다. 이 같은 루소의 사상은 당시 정부와 교회에서는 불온시되었지만 부르주아들 사이에서는 빠르게 확산되었다. 루소는 부르주아지의 '가려운 등'을 시원하게 긁어 주었던 것이다. 이러한 사상을 통해 사람들은 정치에 대한 권리가 일부 지배층만의 특권이 아니라 모든 사람의 것임을 서서히 확신해 가고 있었다.

이제까지 정치에서 배제되어 온 사람들의 불만은 프랑스에서 처음으로 폭발했다. 1780년대 후반 프랑스는 경제적으로나 정치적으로 매우 힘든 시기였다. 1788년과 1789년의 흉작은 농민들에게 극심한 고통을 주었고, 흉작에 따른 빵 가격의 폭등은 도시 빈민들에게도 견디기 힘든 고난이었다. 농민과 도시 빈민들이 절망적인 상태에서 동요하고 있었던 한편, 미국 독립 전쟁을 도와 영국과 전쟁을 벌였던 프랑스 정부는 전쟁 자금을 대느라 큰 부채를 지고 있었다. 이러한 상황에서 당시 프랑스 국왕이었던 루이 16세는 세금을 인상함으로써 부채를 해결하려고 했다. 이에 대해 부르주아지와 도시 빈민, 농민들이 크게 분노한 것은 불을 보듯 빤한 것이었다.

1789년 7월 14일, 파리의 성난 군중들이 봉기하여 봉건적 권위의 상징이었던 바스티유 감옥을 함락했고, 지방에서는 농민들이 집단적으로 영주들을 습격했다. 이른바 '프랑스 혁명'이 발발한 것이다. 마침내 8월 4일 귀족들의 특권과 수많은 봉건적 권리들이 폐지되었고, 프랑스 혁명 정신을 만천하에 알리는 '인간과 시민의 권리 선언'이 공표되었다. 17개조로 구성된 이 선언문은 현대를 살고 있는 우리에게도 매우 익숙한 다음과 같은 내용을 담고 있다.

1조 인간은 태어날 때부터 자유롭고 권리에 있어서 평등하다.

2조 모든 정치적 연합의 목적은 인간의 자연적이고 시효 없는 권리의 보존에 있다. 자유, 소유, 안전에 대한 권리 및 압제에 대한 저항이 이러한 권리에 속한다.

4조 자유는 다른 사람을 해치지 않는 한 모든 것을 할 수 있다는 데 있다. 따라서 개인의 자연적 권리 행사는 사회의 다른 구성원들도 동일한 권리를 보장받는다는 한도 이외의 다른 한도를 갖지 않는다.

6조 법은 일반의지(공동의 의지)의 표현이다. 모든 시민은 직접 또는 그들의 대표자를 통해 법의 제정에 참여할 권리를 갖는다.

10조 법에 의해 확립된 공적 질서를 교란하지 않는 한, 누구도 자신의 의견이나 심지어 종교적 의견 표명 때문에 걱정해서는 안 된다.

11조 사상과 의견의 자유로운 교환은 인간의 가장 귀중한 권리들 중 하나이다. 따라서 모든 시민은 〔…〕 자유롭게 발표하고 집필하고 출판할 수 있다.

그런데 이 선언의 제목이 '인간과 시민의 권리선언'이라는 사실을 눈여겨보도록 하자. 아마도 당장에 '시민'이라는 단어가 어색하다고 느끼는 사람이 많을 것이다. 모든 인간의 권리를 만천하에 공표했다는 의미에서 '인간의 권리선언'이라는 말은 적절해 보이지만 '시민의 권리선언'이라고 한다면 시민이 아닌 사람들, 그러니까 도시에 살고 있지 않은 사람들은 해당되지 않는다는 말일까? 물론 그렇지 않다.

•••
프랑스 혁명은 모든 인간이 정치의 주체임을 당당하게 선언한 사건이었다. 프랑스 혁명 정신을 담은 '인간과 시민의 권리선언'.

본래 '시민 citizen' 이라는 말은 단순히 도시 거주민이라는 뜻 외에 '정치의 주체', 즉 '정치에 적극적으로 참여하는 사람' 이라는 뜻이 포함되어 있다. 이는 도시에 거주하는 사람들만이 정치에 대한 권리를 가졌던 고대 그리스로부터 유래한다. 이렇게 본다면 '정치' 와 그것의 주체인 '시민' 은 매우 밀접하게 관련되어 있음을 알 수 있다. 정치가 이루어지기 위해서는 그것에 적극적으로 참여할 행위자들, 다시 말하면 '정치적 주체' 들이 반드시 필요하다. 왜냐하면 정치는 스스로의 문제를 해결하려는 인간의 자발적이고 의식적인 실천에 다름 아니기 때문이다.

프랑스 혁명은 봉건적 신분제 속에서 차별받아 왔던 사람들, 정치에 대해서는 한 번도 생각해 보지 못했던 사람들이 자신도 깨닫지 못하는 사이에 정치의 중심에 등장하게 된 사건이었다. 다시 말하면 모든 인간이 곧 '시민' 임을 당당하게 선언한 것이다.

물론 프랑스 혁명에 참여했던 사람들 모두가 '공화정 성립' 같은

1789년 7월 14일, 흉작으로 인한 물가 폭등과 과도한 세금으로 고통받고 있던 파리 시민들은 봉건적 권위의 상징인 '바스티유' 감옥을 함락했다. 이른바 프랑스 혁명이 시작된 것이다.

거창한 요구를 내건 것은 아니었다. 부르주아지를 제외한 대다수의 민중들은 오히려 "빵을 달라"는 소박하지만 절실한 요구를 위해 거리로 나섰다. 하지만 시간이 지나면서 요구가 거창하냐, 소박하냐는 중요한 문제가 아니었다. 그들이 거리로 나선 순간, 즉 자신들의 요구와 이해를 공개적으로 표명하는 순간, 이제까지 '정치'로부터 배제되어 온 비非시민이 시민으로 거듭나게 된 것이다.

더 이상 정치는 왕실이라는 협소한 공간과 소수의 귀족에게만 제한될 수 없었다. 평범한 사람들이 드나드는 카페와 술집은 물론 거리도 시민들로 넘쳐났다. 모든 인간이 시민이라는 선언, 즉 정치에 대한 보편적 권리를 위한 선언은 이들에게 무한히 새로운 기회

루이 16세는 민중들의 고통을 외면하고, 전쟁 자금을 대느라 불어난 국가의 부채를 세금 인상으로 해결하려 했다. 1793년, 급진적인 자코뱅 파는 루이 16세를 처형하고 프랑스가 공화국임을 선포했다.

를 제공했다. 이제까지 억압받아 왔던 노동자, 여성, 빈민 들이 스스로 '시민'의 이름으로 자신들의 요구를 공개적으로 표명할 수 있는 권리를 얻게 된 것이다.

바스티유 함락 이후 프랑스에서는 국왕의 자의적인 통치가 아니라 헌법의 통치를 받기 위해 제헌의회가 구성되었다. 또한 만인의 법적 평등이 선언되었고, 불필요한 세금은 철폐되었으며, 교회의 재산은 국유화되었다. 더 나아가 자코뱅Jacobin이라고 불리던 의회의 급진파들은 루이 16세를 처형함으로써 프랑스가 공화국임을 선포했다.

그러나 현실의 변화를 막으려는 세력의 움직임도 만만치 않았다.

유럽의 다른 군주국들은 혁명을 일으켜 '프랑스 왕실을 모욕한' 프랑스 민중에 대해 선전 포고를 했다. 이에 대해 프랑스 공화국은 "조국이 위기에 처하고 있다."고 선언하면서 애국적이고 혁명적인 대규모 운동을 불러일으켰다. 젊은이들은 대거 군대에 자원 입대하였고, 각 지방에서도 시민들이 자발적으로 무장하고 파리로 모여들었다. 이들은 자유 · 평등 · 박애라는 프랑스 혁명 이념을 상징하는 삼색기를 앞세우고, 파리에 남아 있던 귀족들의 군대와 전투를 벌이는 동시에 외국의 침입자들에 맞서 싸웠다.

하지만 반反혁명 세력에 맞서기에는 역부족이었다. 더욱이 외국 군대에 맞서 프랑스 군대를 지휘하고 프랑스 혁명 이념을 유럽의 다른 지역으로 전파하는 데 앞장섰던 나폴레옹이 스스로 황제의 자리에 오르면서 프랑스 혁명은 위기를 맞았다. 혁명의 아들이었던 나폴레옹이 혁명을 배신한 것이다. 프랑스 혁명의 열렬한 지지자이던 베토벤은 나폴레옹의 변절에 그에게 〈영웅 교향곡〉을 작곡해 헌정한 것을 취소했을 정도로 크게 실망했다.

그러나 1789년 혁명의 가장 심각한 위기는 외국 군대의 위협도, 나폴레옹의 배신에 따른 것도 아니었다. 그것은 정치에 대한 보편적 권리라는 원칙의 후퇴에 따른 것이었다. 부르주아들은 자신들의 정치적 권리를 찾는 데 열중하였고 또 성공했지만, 노동자, 여성, 식민지 민중 들의 권리에는 별 관심이 없었다. 오히려 정치적 권리가 그들에게까지 확산되는 것에 반대했다. 부르주아들은 재산에 따라 정치에 대한 권리에 차등을 둘 것을 주장했다. 이는 신분에 따른 차별을 재산에 따른 차별로 바꾼 것에 불과했다. 정치에 대한 최소한의 권리인 투표권마저 일정 수준 이상의 세금을 납부하는 남성에게만 주어졌다. 예컨대 1830년 당시 3,500만 프랑스 인구 중 단 20만 명만이 유권자로 인정받았을 뿐이다. 이는 모든 '인간'이 시민이라는 프랑스 혁명 정신이, 오직 '소유자'만이 시민이라는 주장으로 왜곡되고 축소되었음을 의미했다.

이처럼 프랑스 혁명은 그 이상을 실현하는 데 어려움을 겪었지만, 혁명에 나섰던 많은 사람들의 경험 속에서 진행된 변화는 결코 멈추지 않았다. 프랑스 혁명 이전까지 정치에 대한 권리는 일부 계층의 특권임이 당연시되었다면, 혁명의 경험은 많은 사람들의 머리 속에 그것이 보편적인 권리임을 각인시키는 계기가 되었다. 사람들은 자신들의 요구를 스스로 제기함으로써 비로소 정치적 주체가 될 수 있음을 깨달았던 것이다.

산업 혁명과 노동자 계급

프랑스 혁명이 정치적으로 봉건 사회의 한 축을 무너뜨렸다면, 산업 혁명은 경제적으로 봉건 사회의 다른 축마저 완전히 무너뜨렸다. 사실상 '산업 혁명'이란 용어는 그것이 실제로 진행되던 18세기 후반 사람들에게는 전혀 알려지지 않은 생소한 말이었다. 이 말이 쓰인 것은 산업의 급격한 발전이 어느 정도 진행된 이후의 일이며, 마르크스와 엥겔스가 『공산주의 선언』을 쓰던 19세기 중반 즈음에서야 다양한 문헌들에 등장하기 시작했다. '산업 혁명'이라는 용어가 어떻게 탄생했는가에 대해서는 논란의 여지가 있지만, 1820년대에 프랑스와 영국의 사회주의자들이 프랑스의 정치 혁명에 빗대어 만든 말이라는 주장이 가장 설득력이 있다.

실제로 산업 혁명이 진행되던 당시, 사람들이 그 사실조차 전혀 인식하지 못했다면 그것에 '혁명'이라는 이름을 붙이는 것이 과연 적절한 것일까? 이 문제 역시도 이견의 여지가 있기는 하지만 오늘날 많은 사람들은 이 시기의 변화가 혁명이라는 이름에 손색이 없을 만큼 근본적이었다는 데 동의하고 있다. 1780년대부터 1840년대까지 약 60년 동안 산업에서 진행된 변화는 역사상 그 어떤 시기보다도 인류의 생활 모습을 가장 근본적으로 바꿔 놓았기 때문이다. 현대인에게 익숙한 수많은 상품과 도시, 교통망 들은 산업 혁명 이전에는 상상도 할 수 없는 풍경이었다.

산업 혁명은 1780년경 영국에서 시작되었다. 여기서 또 하나의 의문이 생겨난다. 왜 하필 영국이었을까? 많은 사람들은 산업 혁명이 아크라이트라는 영국의 천재 발명가가 만든 방직기에서 비롯되었다고 생각한다. 제니 방적기(실을 잣는 기계)와 아크라이트의 방직기(실로 천을 짜는 기계)는 사람이 물레 같은 원시적인 도구를 이용했을 때보다 더 짧은 시간에 더 많은 양의 실과 천을 만들어 낼 수 있었고, 그러한 기계를 생산에 도입하면서 현재와 같은 대공장이 설립되었다는 것이다.

하지만 분명한 것은 많은 사람들의 생각과는 달리, 산업 혁명이 과학과 기술의 갑작스런 발전에 따른 결과는 아니라는 사실이다. 자연과학의 경우 프랑스가 영국보다 확실히 앞서 있었고 기술 수준 또한 그러했다. 또 독일과 프랑스에는 영국에는 없던 전문 기술 교육 기관이 존재했고, 이곳에서 수준 높은 과학 기술 교육이 이루어지고 있었다. 실제로 영국에서 산업 혁명을 촉발시켰다고 알려진 방적기나 방직기 등은 매우 간단한 기계였고, 특별한 과학 지식 없이도 작업장에서 일하는 평범한 직공들의 산경험을 통해서 얼마든지 발명해 낼 수 있는 것이었다. 다만 영국에서는 어떤 '다른 요인' 때문에 생산력이 높은 새로운 방적기를 발명해 내야 하는 이유나 자극이 있었던 반면, 프랑스나 유럽의 다른 국가들에서는 그러한 자극이 미미했다. 그렇다면 '다른 이유' 나 '자극' 은 무엇이었을까?

그것은 바로 영국이 지배하고 있던 세계 각지의 광범위한 식민지들이었다. 당시 영국은 세계 제1의 제국주의 국가였다. 전세계에 걸쳐 광범위한 영토를 가진 영국은 '해가 지지 않는 나라' 로 묘사되었을 정도였다. 일본이 36년 간 우리나라를 지배하면서 그랬던 것처럼, 영국은 전세계의 식민지에서 산업 생산에 필요한 원료들을 아주 저렴한 가격에 구입했고, 영국에서 생산한 제품들을 식민지에 판매함으로써 큰 수익을 낼 수 있었다. 영국에게 식민지는 값싼 원료 공급처인 동시에 광대한 상품 시장이기도 했다. 이런 상황 속에

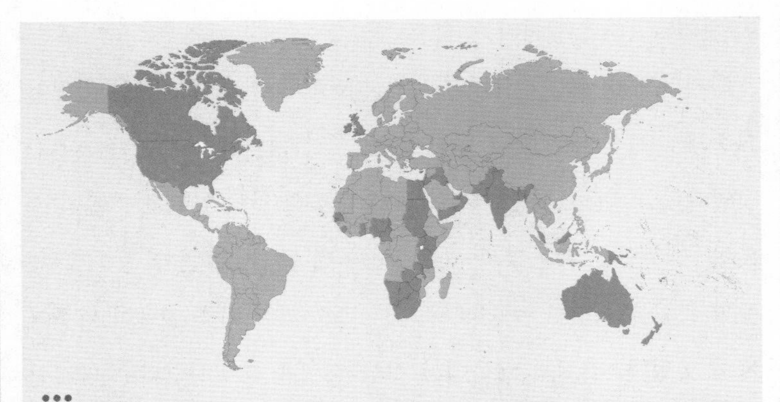

세계 각지에 광범위한 식민지를 거느리고 있던 영국은, 생산에 필요한 원료를 식민지에서 값싸게 구입해 상품을 만든 뒤 다시 식민지에 내다팔았다. 해외 식민지는 영국 산업 혁명에 주요한 자극이 되었다. 갈색으로 표시된 부분이 18~19세기 영국의 식민지.

서 식민지로부터 증가하는 수요에 맞추기 위해서는 생산력이 높은 기계를 도입할 필요가 있었다. 이것이 바로 새로운 방직기를 사용해야 할 동기였던 셈이다.

요컨대 영국의 산업 혁명은 기술적 우위에서 비롯되었다기보다는 해외 식민지의 존재에서, 더 나아가 해외 식민지를 개척할 수 있는 군사력의 우위에서 나왔다고 할 수 있다.

여기에 산업 혁명의 또 다른 '자극'이 있었다. 18세기 후반에서 19세기 초반에 걸쳐 나폴레옹이 수행한 전쟁으로 인해, 영국 내에서는 전쟁 물자에 대한 수요가 크게 증가했다. 특히 무기 제조를 위한 철강 산업이 비약적으로 발전함으로써 전쟁 이후에도 영국의 전체 산업을 주도하는 분야로 자리잡게 되었다. 이는 산업 혁명 이면에 국가간 경쟁과 전쟁이 자리하고 있었음을 의미한다.

그렇다면 영국의 산업 혁명이 당시의 현실에 미친 변화는 무엇이었을까? 우선 사상 유례 없는 엄청난 부자들이 생겨났다는 점이다. 어떤 역사가는 당시 면 공업가들이 10년 사이에 수천 배의 이득을 올리는 경우가 허다했다고 말하기도 한다. 그러나 더욱 중요한 변화는 단연코 '노동자 계급'이라는 대규모 집단이 형성되었다는 사실이다.

텔레비전 뉴스에서 가끔 볼 수 있는 자동차 공장의 모습을 떠올려 보자. 거대한 규모의 공장 안에서 노동자들은 각자의 업무를 맡는다. 어떤 노동자는 전문적으로 자동차의 유리를 붙이고, 다른 노동자는 엔진을 조립하며, 또 다른 이들은 도색을 담당한다. 이처럼 노동자들이 일사불란하게 각자의 역할에 충실함으로써 하나의 자동차가 완성되는 것이다.

반면, 산업 혁명 이전에는 다양한 상품들이 가내에서 소수 사람들의 힘으로 만들어졌다. 제조업자들은 자신의 집을 작업장 삼아 중간 상인들에게 재료를 구매하여 스스로 상품을 만들어 냈고, 다시 상인들에게 되팔았다. 또한 이들은 하나의 제품을 혼자서 만들었기 때문에 그것을 만드는 데 필요한 모든 종합적 지식을 갖추고 있었다. 오늘날의 자동차 공장에 비유하자면 한 사람의 기술공이 자동차 한 대를 완전히 조립하는 데 필요한 모든 기술과 지식을 가진 것과 같다.

하지만 가내 공업은 점점 증가하는 국내와 해외의 수요를 감당할 수 없었다. 한 사람 혹은 몇 사람의 기술자들이 각각의 제품을 완성하는 데에는 많은 시간이 걸렸기 때문이다. 그러자 본래 가내 공업 기술자들에게 원료를 판매하고 기술자들이 만든 완성품을 구매하기만 했던 중간 상인들이 이들을 직접 고용하여 오늘날과 유사한 공장에서 함께 작업하게 했다. 뿐만 아니라 분업을 통해 각각의 기술자들이 담당할 작업들을 세분화함으로써 작업 시간을 대폭 줄일 수 있었다. 산업 혁명은 상품 생산을 가내에서 공장으로 끌어내었던 것이다.

만약 '학교' 라는 공간이 존재하지 않았다면 어땠을까? 그렇다면 '학생' 도 존재하지 않았을 것이다. 물론 개별적으로 가정교사를 고용해서 학교에서 가르치는 것과 같은 내용을 배울 수는 있겠지만, 지금처럼 같은 교실에서 같은 시간에 같은 공부를 하고 친구들과 이야기하면서 '또래 문화' 를 만들어 내는 집단으로서의 '학생' 은 존재할 수 없었을 것이다.

마찬가지로 산업 혁명 이전에 각자 자신의 집에서 작업해 왔던 사람들은 오늘날과 같은 '노동자' 가 아니었다. 그러나 이들이 이제 '공장' 이라는 거대한 규모의 작업장에서 함께 모여 일하면서, 동일한 시간에 동일한 환경 속에서 함께 생활하게 되었다. 이들은 비슷한 급료를 받았고, 비슷한 문화를 공유했다. '노동자 계급' 이라는 새로운 집단은 이렇게 탄생했다. 실제로 산업 혁명 기간 동안 면 공업이 가장 발달했던 영국의 맨체스터 지방에서는 1760년에서 1830년 사이에 인구가 10배로 늘어났다. 지방에서 농사를 짓거나 가내 공업을 하던 고립된 개인들이 맨체스터의 공장 지대로 끊임없이 몰려들었고, 이들은 모두 '노동자 계급'이 되었다.

노동자 계급은 가내 공업 시절의 기술자와 여러 면에서 사뭇 달랐다. 이들은 가내 공업의 기술자보다 수가 훨씬 많은데다가 지리적으로 집중되어 있었다. 더욱 큰 차이는 이들의 지위였다. 가내 공업 기술자의 경우, 비록 상인들이 이들에게 재료를 공급하고 완성된 상품을 구매해 주었지만 적어도 상품을 제조하는 과정에는 어떠한 개입도 할 수 없었다. 물건을 어떠한 방법으로 만들 것인가는 전적으로 생산자들의 몫이었다. 게다가 산업 혁명 이전에는 생산자들이 동업조합을 만들어 생산량을 통제했다. 생산량이 많으면 가격이 내려가기 때문이었다. 그때까지만 해도 생산자들은 생산량과 가격을 통제할 수 있을 만큼 힘이 있었던 것이다. 하지만 산업 혁명은 이 모든 상황을 바꿔 놓았다. 상인들이 노동자들을 직접 고용해 스스로 고용주가 되었고, 생산 과정과 작업 시간을 직접 통제함에 따라 이들과 생산자 사이의 권력 관계는 변화하기 시작했다.

이해를 돕기 위해 자동차 공장의 예를 들어보자. 만약 한 사람의 노동자가 자동차 한 대를 완성하는 데 필요한 모든 기술을 습득하고 있다면, 고용주는 그가 아무리 게으르고 말을 듣지 않는다고 해도 마음대로 해고할 수 없을 것이다. 왜냐하면 그러한 지식과 기술

산업 혁명 이전에는 다양한 상품들이 가내에서 소수의 힘으로 만들어졌다. 제품을 완성하는 데 많은 시간이 걸렸지만, 기술자들은 상품 제조에 필요한 종합적인 지식을 갖추고 있었다. 빵을 만들고 있는 가내 수공업자.

을 갖춘 사람을 찾기란 쉬운 일이 아니기 때문이다. 보통 이러한 기술을 '숙련'이라고 부른다. 하지만 차 한 대를 생산하는 전체 작업 과정을 쪼개어 개별 노동자에게 각자가 담당하는 일만을 하도록 시키면, 시간이 훨씬 절약될 뿐만 아니라 노동자들이 습득해야 하는 기술과 지식도 훨씬 줄어들게 된다. 따라서 고용주들은 더 이상 숙련공들을 고용할 필요가 없다. 약간의 기술만 익히면 누구나 공장에서 일할 수 있기 때문이다.

공장 노동자들은 이전의 생산자들이 가지고 있던 숙련 기술과 생산량에 대한 통제권을 비롯한 많은 것들을 잃었다. 불과 수십 년 만에 생산자와 고용주 사이의 관계가 급격히 변화하게 된 것이다. 게다가 당시에는 공장에서 일하기를 원하는 사람들이 실제 필요한 노동력보다 훨씬 많았다. 급료가 아무리 적어도 일하려는 사람이 넘쳐났고 고용주에게 조금이라도 잘못 보이면 즉시 해고되었기 때문에, 공장 노동자들은 최소한의 생계도 유지할 수 없을 정도의 월급

●●●
산업 혁명은 '공장'이라는 거대한 규모의 작업장에서 함께 일하는 노동자 계급을 배출해 냈다. 분업화로 인해 약간의 기술만 익히면 누구나 공장에서 일할 수 있었으므로 고도의 기술과 지식을 갖춘 숙련공은 필요 없게 되었다. 산업 혁명 시대의 영국 공장들.

과 혹독한 노동 조건에도 아무런 불평 없이 일해야만 했다.

더군다나 고용주들은 성인 남성보다 여성이나 아동들을 고용하기를 더 선호했는데, 이들의 임금이 훨씬 쌌기 때문이다. 1834~1857년 사이 영국 면직 공장 노동자 가운데 약 4분의 1만이 성인 남성이었던 반면, 반 이상이 여성들이고 그 나머지가 18세 이하의 소년들이었다. 임금이 낮을 뿐만 아니라 이들의 노동 환경 또한 너무나 열악했다. 마르크스가 『자본』에서 인용한 당시 영국의 한 보고서는, 공장에서 노동하는 아동들의 상황에 대해 다음과 같

고용주들은 성인 남성보다 임금이 훨씬 싼 여성이나 아동들을 더 선호했다. 낮은 임금에다 열악한 노동 환경으로 인해, 공장에서 일하는 어린 노동자들은 참혹한 생활을 이어 가야 했다.

이 기록하고 있다.

> 9세부터 10세까지의 아이들이 새벽 2, 3, 4시에 그들의 불결한 잠자리에서 끌려 나와 겨우 입에 풀칠만이라도 하기 위해 밤 10, 11, 12시까지 노동하도록 강요당하고 있는데, 그들의 팔다리는 말라 비틀어지고 신체는 왜소해지며 얼굴은 창백해지고 그들의 인간성은 완전히 목석처럼 무감각 상태로 굳어져 버려 보기만 해도 소름이 끼칠 지경이다.
>
> —『자본론 I』10장

이렇게 비참한 노동 조건에도 불구하고 노동자들은 먹고살기 위해 어쩔 수 없이 일해야 했다. 많은 노동자들은 자신들의 생활을 비관하거나 체념하면서 주말이면 술집에 모여 떠들썩하게 술을 마시는 것으로 노동의 고통을 달랬지만, 몇몇 사람들은 자신들의 생활을 근본적으로 바꾸기를 원했다. 이들은 많은 사람들에게 비참한 생활을 강요하는 자본주의는 분명히 문제가 있으므로, 자본주의를 넘어서는 새로운 사회를 만들어야 한다고 주장했다. 마르크스와 엥겔스는 바로 이들 가운데 중심적인 인물들이었다. 마르크스와 엥겔스는 공산주의자로서 자본주의 사회의 문제들과 대결하는 것을 평생의 목표로 삼았다.

1848년 1월, 『공산주의 선언』의 탄생

프랑스와 영국에서 발생한 정치 혁명과 산업 혁명의 여파는 곧 유럽 전역으로 빠르게 전파되었다. 몇 번의 우여곡절을 거치면서 유럽에는 혁명의 기운이 충만해졌다. 1789년에 프랑스에서 시작된 혁명은 혁명과 반혁명의 반복을 거치면서 진행 중에 있었고, 영국에서 시작된 산업 혁명은 유럽 전체로 조용하지만 빠르게 확산되면서 곳곳에 대공장들이 세워졌다. 이중 혁명은 부르주아지에게 정치적 권리와 함께 경제적 이익을 가져다 주었다. 부르주아지는 한편으로는 의회를 통해 정치적 지배 세력으로 등장하는 동시에, 다른 한편으로는 자신의 재산을 산업에 투자하고 기업을 경영함으로써 경제적으로도 크게 성공했다. 정치 혁명과 산업 혁명은 결국 봉건 사회를 붕괴시키고 현대적 형태의 자본주의를 탄생시켰다.

그러나 노동력을 제외하고는 어떠한 생계 수단도 없었던 다수의 노동자들, 즉 '프롤레타리아proletariat'의 생활은 이중 혁명의 결과로 더욱 악화되었다. 프랑스 혁명에서 부르주아지와 함께 봉건적 지배 질서를 타파하는 데 나섰던 이들은 자신들의 기대와는 달리 결코 혁명의 수혜자가 되지 못했다. 부르주아지는 프롤레타리아에게 정치적 권리를 부여하기를 거부했으며, 대공장과 기계의 도입으로 인해 프롤레타리아의 경제적 처지는 산업 혁명 이전보다 더욱 비참해졌다.

이러한 상황 속에서 프롤레타리아와 몇몇 양심적 부르주아들 사이에서 공산주의가 빠르게 확산되었다. 비록 부르주아지가 프랑스 혁명의 성과를 독점하는 데는 성공했을지 몰라도, 프랑스 혁명의 이념과 이상이 프롤레타리아의 정신을 깨우치는 것까지 막지는 못했다. 공산주의는 바로 경제적으로 배제된 다수의 사람들이 정치에 대한 보편적 권리를 통해 불평등한 사회를 바꾸고자 나선 역사적 운동이었다.

공산주의자들은 '깨친' 프롤레타리아들로서 부르주아지와 프롤레타리아의 평등을 주장했다. 이들은 1831년 프랑스의 리용에서 최초로 프롤레타리아만의 봉기를 일으켜, 제조업자인 부르주아지에 맞서 총파업을 벌였다. 정부는 폭압적으로 이 봉기를 진압했지만, 프롤레타리아가 부르주아지라는 새로운 특권층에 맞서는 혁명적 주체임을 알리는 계기가 되었다. 이는 다음과 같은 일화에서 명확하게 드러난다. 당시 공산주의 지도자 가운데 한 명이었던 블랑키Louis Blanqui는 노동자 봉기를 주도한 혐의로 법정에 섰을 때 직업을 묻는 재판장의 질문에 다음과 같이 외쳤다.

"프롤레타리아!"

재판장이 프롤레타리아는 직업이 아님을 주지시키자 그는 이렇게 항변했다.

"뭐라고요? 그것이 직업이 아니라고요? 그것은 스스로의 노동으로 살아가고 있으며, 정치적 권리를 박탈당한 3천만 프랑스인의 직업입니다."

부르주아들은 공산주의자들을 매우 위험한 세력으로 지목하면서 이들의 활동을 억압했다. 각국 정부는 다양한 죄목으로 이들을 투옥하거나 해외로 추방했고, 공산주의적 성향의 신문들을 폐간했다. 따라서 공산주의자들은 비밀 결사의 형태로 활동할 수밖에 없었다.

1840년대 유럽에는 수많은 공산주의 비밀 결사가 있었다. 하지만 이 시기의 공산주의는 어떤 통일된 원칙이나 관점이 없었고 세력도 미약했다. 스스로를 공산주의자라고 생각하는 사람들은 소수에 불과했으며 각자가 생각하는 '공산주의'의 모습도 서로 달랐다. 어떤 공산주의자들은 탐욕스러운 부르주아지를 도덕적으로 교화하여 조화로운 사회를 건설하는 것을 목표로 했고, 어떤 공산주의자들은 부르주아지로부터 더 높은 임금을 따 냄으로써 노동자들의 처지를 개선하는 것을 목표로 했다. 그러나 도덕적 교화나 더 높은 임금만으로는 자본주의 사회를 변혁시킬 수 없다고 생각하는 공산주의자들이 있었다. 이들은 부르주아지와 프롤레타리아는 서로 화해할 수 없으며 이들 사이의 투쟁에서 프롤레타리아가 오직 승리함으로써만 새로운 사회가 건설될 수 있다고 믿었다.

당시 '공산주의자 동맹' (줄여서 '동맹' 이라 함)이라는 조직의 일원이었던 마르크스와 엥겔스는 공산주의자들 사이의 이러한 혼란을 시급히 해결해야 한다고 주장했다. 그리고 공산주의 운동의 단결을 위해서는 공산주의의 원칙과 원리를 분명히 할 필요가 있었다. '동맹' 의 구성원들은 마르크스와 엥겔스의 의견에 깊이 공감했고, 공산주의의 원칙에 대한 이견을 좁히기 위해 열흘 간이나 긴 논쟁을 벌였다. 사실 '동맹' 내에서도 공산주의에 대한 관점은 서로 달랐다. 이 토론에서 마르크스는 두각을 나타냈다. 결국 마르크스와 엥겔스는 이 논쟁에서 승리했고, '동맹' 의 대표들은 1847년 11월 두 사람에게 공산주의의 새로운 신조를 요약한 문서를 작성하는 임무를 부여했다.

사실 『공산주의 선언』의 초안은 엥겔스가 수개월 전에 쓴 『공산주의의 원칙들』이라는 소책자였다. 이 글은 가톨릭의 교리 문답에서 차용한 25개의 문답 형식으로 구성되어 있었다. 예컨대, "문: 공산주의란 무엇인가? 답: 공산주의는 프롤레타리아 해방의 조건에 관한 교의이다."라는 식이었다. 그러나 이러한 문답은 간결해서 쉽게 이해할 수 있고 비밀 결사에 가입하는 입문 의식으로 적당할지는 몰라도, 새롭게 결성된 공산주의자 동맹의 견해와 의도를 공개적으로 밝히는 데에는 적합하지 않았다.

엥겔스는 이러한 이유로 마르크스에게 교리 문답 형식을 버리고

'선언문' 형식으로 새롭게 작성하자고 제안했다. 물론 엥겔스의 초안은 많은 부분 『공산주의 선언』에도 반영되었다. 이후에 '언제나 겸손한' 엥겔스는 『공산주의 선언』의 핵심 사상은 마르크스의 머리에서 나온 것이라고 말하곤 했지만, 마르크스가 직접 집필한 『공산주의 선언』은 많은 부분 엥겔스에게 빚지고 있음이 확실하다. 따라서 우리는 이 위대한 저작을 마르크스와 엥겔스의 공동 저작이라고 말할 수 있는 것이다.

'공산주의 선언' 작성이라는 중대한 임무를 부여받은 마르크스는 1848년 1월 말이 다 되도록 전혀 서두르는 기색이 없었다. 공산주의자 동맹 런던 대회에 참석하고 돌아온 후, 그는 몇 주 동안 신문에 논설을 쓰고 강연을 하거나 다른 지역을 방문하면서 시간을 보냈다. 런던 지도부들은 점점 안달하기 시작했고, 결국 1월 24일 최후 통첩을 보냈다. 이것이 효과를 발휘했던 것일까? 2월 초 마르크스가 며칠 동안 밤을 새며 막대한 양의 커피와 시가를 소비한 끝에, 이 위대한 저작은 마침내 세상의 빛을 보게 되었다.

이제 이 역사적 저작의 첫 페이지를 넘겨 보도록 하자.

2장
만국의 프롤레타리아여, 단결하라!

'공산주의' 라는 유령

『공산주의 선언』은 다음의 유명한 구절로 시작된다.

> 하나의 유령이 유럽을 떠돌고 있다. 공산주의의 유령이. 옛 유럽의 모든 세력들이 이 유령을 잡기 위한 성스러운 사냥을 위해 동맹하였다. 〔…〕 정권을 잡고 있는 자신의 적수들로부터 공산주의적이라는 비방을 받지 않았을 반정부당이 어디 있으며, 더 진보적인 반정부 인사들과 자신의 반동적인 적수들에게 공산주의라고 낙인 찍는 비난을 되돌리지 않았을 반정부당이 어디 있는가? 서장

유령? 뜬금없이 웬 유령일까? 미신에서 벗어나 과학과 산업이 한창 발전하고 있던 시대에, 그것도 이성과 과학의 힘을 굳게 믿고 있던 마르크스와 엥겔스 같은 사람들이 "유령이 떠돌고 있다."고

말하는 것은 왜일까?

이렇게 생각해 보자. 유령의 존재를 믿는 사람도 있을 테고, 유령이나 귀신은 모두 영화나 소설에서 꾸며 낸 이야기라고 생각하는 사람도 있을 것이다. 하지만 그것을 믿든 믿지 않든 '유령'이라는 단어에서 누구나 약간의 섬뜩함이나 두려움을 느낄 것이다. 그렇다. 유령이나 귀신은 '무섭다.' 그런데 우리는 왜 '유령'에 대해 공포를 느끼는 것일까? 영화나 TV에서처럼 유령이 괴기스러운 생김새이기 때문일까? 그것만은 아닐 것이다. 더 중요한 이유는 우리가 유령의 정체를 알 수 없다는 데 있을 것이다.

Manifest

der

Kommunistischen Partei.

Veröffentlicht im Februar 1848.

Proletarier aller Länder vereinigt Euch!

London.

Gedruckt in der Office der „Bildungs-Gesellschaft für Arbeiter"

von J. E. Burghard.

46, Liverpool Street, Bishopsgate.

『공산주의 선언』은 마르크스와 엥겔스라는 두 혁명가의 작품일 뿐 아니라, 프랑스 혁명과 산업 혁명이 빚어낸 역사의 산물이기도 하다. 1848년 출간된 『공산주의 선언』 초판 표지.

다른 예를 들어 보자. 과학이 발전하지 못했던 먼 옛날, 개기 일식은 두려움의 대상이었다. 그러나 현대에는 개기 일식을 보면서 그것이 신의 노여움에 의한 것이라고 생각하는 사람은 아무도 없을 것이다. 마찬가지로 유령이나 귀신이 공포의 대상이 되는 것은 어떤 사람도 그것의 존재나 정체를 밝히지 못했기 때문이다.

그렇다면 유령은 단지 사람들이 만들어 낸 허상일까? 아니다. 유령이 실제로 있는지 없는지는 알 수 없지만, 사람들이 유령에 대해 공포를 느끼는 한 유령은 존재한다고 말할 수 있다. 사람들은 논리적으로 설명할 수 없는 현상이 유령에 의한 것이라 믿으면서 그것을 두려워할 것이다. 이는 곧 유령이라는 이름이 현실에서 영향력을 행사하고 있다는 것을 의미한다. 즉 유령은 산과 들, 혹은 공기와 같은 방식으로 존재하지는 않을지라도 사람들에게 두려움을 주는 불가사의한 힘으로서 사람들 사이에 존재한다.

그런데 마르크스와 엥겔스는 '공산주의'라는 이름의 유령이 유럽을 떠돈다고 말했다. 이 '공산주의'라는 유령은 그 정체가 분명히 알려지지 않은 채 사람들에게 막연한 두려움을 줄 뿐이다. 이 사실로부터 마르크스와 엥겔스는 다음과 같은 결론을 내렸다.

> 두 가지 결론이 이러한 사실로부터 나온다. (첫째) 공산주의는 이미 유럽의 모든 세력들에게 하나의 세력으로 인정받고 있다. (둘째) 지금이야말로 공산주의자들이 자신들의 견해, 자신들의 목표, 자신들의 지향을 전세계 앞에 공공연하게 표명하여, 공산주의의 유령이라는 소문에 당 자신의 선언으로 맞서야 할 시기이다. 서장

공산주의는 유령으로서 존재한다. 즉 그 실체는 아직 불분명하지만 수많은 사람들이 인정하고 있는 것처럼 하나의 세력으로 존재하

는 것이다. 하지만 공산주의자는 여기에 만족할 수 없으며 자신의 정체를 명백히 세상 앞에 밝힘으로써 '유령'이라는 존재로부터 벗어나야 한다. 왜냐하면 유령은 비록 현실에 대해 어느 정도의 영향력을 행사할 수 있지만, 그 영향력의 한계 또한 분명하기 때문이다. 공산주의가 단지 소문으로만 존재하는 것이 아니라 구체적인 내용과 대상을 가진 것이 될 때에야, 단순한 공포의 대상이 되는 것을 넘어서 사회를 변화시킬 수 있는 현실적인 대안이 될 수 있다. 『공산주의 선언』은 공산주의라는 정체를 명확하게 세상에 드러내기 위해 쓰인 것이다.

우리는 『공산주의 선언』의 각 장들에서 면밀한 증명이나 과학적 엄밀성보다는 마르크스와 엥겔스 특유의 단호함 및 가차 없는 비판들을 만나게 될 것이다. 우리가 『공산주의 선언』을 읽으면서 명심해야 할 것은 수십 페이지에 불과한 이 책이 말 그대로 '선언문'이라는 사실이다. 선언문의 목표는 과학적 논증보다는 사람들로 하여금 어떤 구체적 행동을 취하도록 격려하는 데 있다. 따라서 『공산주의 선언』의 지나칠 정도의 간결한 문장들과 다소간의 논리적 비약은 오히려 선언문에는 없어서는 안 될 단호함의 표현이다. 또한 이 기념비적인 저작은 당시의 역사적 맥락 속에서 쓰였다는 사실도 염두에 두어야 한다. 따라서 간간이 드러나는 내용상의 '공백'이나 '허점'을 단순히 저자들의 논리적 오류로 치부하기보다는 역사적 상황과의 관련 속에서 이해할 수 있어야 한다.

하지만 여기에 만족할 수 있을까? 『공산주의 선언』은 단순히 감상의 대상이 되는 과거의 유물일 수만은 없다. 『공산주의 선언』은 역사적 저작임에 틀림없지만, 우리에게 더욱 중요한 것은 150여 년이 흐른 뒤 현대인의 눈으로 그것을 읽는다는 사실이다. 따라서 150여 년 전의 역사적 맥락 속에서 『공산주의 선언』이 가졌던 의미를 파악하는 것을 넘어서, 오늘날의 관점에서 현재적 의미를 끌어내야 한다. 그런데 그 현재적 의미라는 것은 사람에 따라 다르게 해석된다. 어떤 사람들은 구소련과 동구 사회주의 국가들의 붕괴 이후 『공산주의 선언』은 이미 과거의 유물이 되어 버렸다고 주장하고, 어떤 사람들은 마르크스와 엥겔스가 비판하고자 한 자본주의의 기본 성격은 전혀 변하지 않았으므로 『공산주의 선언』의 주장은 현재에도 여전히 타당하다고 주장한다.

『공산주의 선언』이 처음 발표되고 20여 년이 지난 1872년, 독일어판 서문에서 마르크스와 엥겔스는 다음과 같이 썼다.

> 지난 25년 동안 상황이 아무리 많이 변했다 하더라도, 이 『공산주의 선언』에 개진되어 있는 일반적 원칙들은 대체로 오늘날에도 여전히 완전한 정당성을 지니고 있다. 개별적인 것들은 여기저기 개선되어야 할 것이다. 〔…〕 (몇몇 구절들은) 오늘날 많은 점에서 다르게 씌어야 할 것이다. 〔…〕 (그리고 몇몇 강령들은) 곳곳이 낡은 것이 되어 버렸다. 〔…〕 그렇다 해도 『공산주의 선언』은 역사적 기록 문서이며,

우리는 그것을 변경할 권리가 더 이상 우리에게 있는 것은 아니라고 본다.

하지만 20년이 아닌, 150여 년이 지난 오늘날의 우리는 어떤 평가를 내릴 수 있을까? 마르크스와 엥겔스가 그러했듯이, 현재에도 "완전한 정당성"을 가지고 있다고 말할 수 있을까? 결론부터 이야기하자면 "그렇다." 자, 그럼 마르크스와 엥겔스의 안내를 따라서 이러한 결론에 도달하게 되는 여정을 시작해 보도록 하자.

세계를 움직이는 두 계급 : 부르주아지와 프롤레타리아

『공산주의 선언』의 첫 번째 장 제목은 '부르주아지와 프롤레타리아'이다. '부르주아지'란 '부르주아'의 복수형으로, 사전적 의미는 '성안에 사는 자유민'이라는 뜻이다. 부르주아지는 봉건 사회에서는 농민도 아니고 귀족도 아닌 중간층을 가리키는 말이었으나, 자본주의의 도래와 함께 지배적인 위치로 올라서게 되었다. 마르크스에게 '부르주아지'는 자본가 계급과 그들을 보조하는 다양한 전문가 집단을 의미했다. 반면 '프롤레타리아'는 고대 로마의 '프롤레타리우스'에서 유래한 말로 최하층민을 의미했다. 이러한 의미를 차용하여 자본주의 사회에서 노동자 계급을 지칭하는 말로 '프롤레타리아'가 사용된 것이다.

엥겔스는 『공산주의의 원칙들』(1847)에서 부르주아지와 프롤레타리아를 다음과 같이 정리했다.

오늘날 모든 문명국들에서 모든 생활 수단과 생활 수단의 생산에 필요한 원료 및 도구들(기계들, 공장들)을 이미 거의 배타적으로 소유하고 있는 대자본가 계급. 이 계급이 부르주아 계급 혹은 부르주아지이다. (그리고) 자신의 생계 유지에 필요한 생활 수단을 얻기 위하여 자신의 노동을 부르주아지에게 판매하는 것에 의존하는 완전한 무산 계급. 이 계급은 프롤레타리아 계급 혹은 프롤레타리아라 불린다.

— 엥겔스, 『공산주의의 원칙들』, 『저작 선집 1』

역사의 원동력으로서의 계급투쟁

이제까지의 모든 사회의 역사는 계급투쟁의 역사이다. 1장

'부르주아지와 프롤레타리아'의 첫 문장은 이렇게 시작된다. 대부분의 사람들은 인류의 역사가 비록 전쟁이나 공황 같은 대혼란이 존재하기도 했지만 점차 진보의 방향으로 나아가고 있다고 생각한다. 우리가 살고 있는 현재에도 많은 문제점이 있지만 장기적으로 볼 때, 현시대는 과거보다는 훨씬 진보한 시대이며 갈등과 폭력으로부터 화해와 평화를 향해 나아가고 있다는 것이다. 그러나 사람들의 이러한 믿음을 비웃듯, 마르크스와 엥겔스는 현대를 포함한 모든 인간의 역사는 '계급투쟁'의 역사라고 단호히 말했다. 다소 생경하게 들리는 '계급투쟁'이라는 말에서 우리는 평화와 화해라

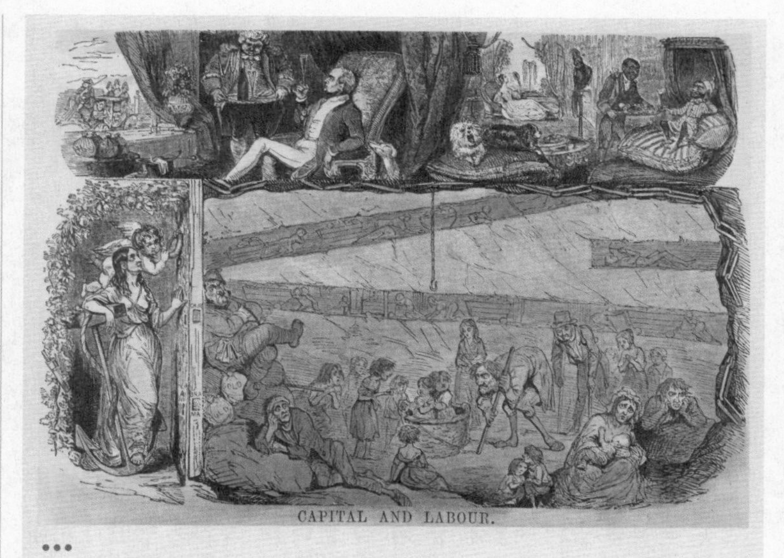

봉건 사회가 무너지고 자본주의 사회가 도래하면서, 모든 생산 수단을 소유한 자본가 계급(부르주아지)과 자신의 노동력 외에는 가진 것이 없는 무산 계급(프롤레타리아)이 생겨났다. 부르주아지와 프롤레타리아의 대조적인 모습.

는 말과는 정반대의 이미지를 떠올린다.

'계급투쟁'을 이해하기 위해서는 우선 '계급'이 무엇인지를 살펴보아야 한다. 계급은 개인들의 집합을 뜻한다. 계급이란 용어가 일상적으로 가장 많이 쓰이는 곳은 아마도 군대일 것이다. '이등병', '일병', '상병', '병장' 등으로 구분되는 군대의 계급은 지휘 계통의 높낮이를 의미하는 것으로서 전체 사병을 몇 개의 집단으로 나눈다. 또 신문 기사나 텔레비전 뉴스에서도 가끔 '계급'이라는 말이 나오곤 하는데, '상층 계급' 혹은 '하층 계급' 같은 표현이 그것이다. 이때의 계급은 소득의 높낮이로 구분된 집단을 의미한다. 이처럼 일상적으로 쓰이는 '계급'이라는 말은 어떤 기준, 특히 높낮이를 구분할 수 있는 기준에 따라 분류된 개인들의 집합을 지칭한다.

하지만 마르크스가 사용하는 '계급'이라는 용어는 단순히 '높낮이'를 의미하지는 않는다는 점에서 다르다. 마르크스에게 계급은 높고 낮음을 의미하기보다는 어떤 '관계'를 지칭한다. 예컨대 '부부'라는 개념을 생각해 보자. 부부란 반드시 남편과 아내의 결합으로서 존재한다. 만약 남편이 존재하지 않거나 아내가 존재하지 않는다면 부부란 말은 애초에 성립할 수 없다. 즉 부부는 남편과 아내의 관계를 통해 성립되는 것이다.

마르크스의 '계급' 개념도 마찬가지이다. 그가 자주 사용하는 부르주아지와 프롤레타리아, 혹은 자본가 계급과 노동자 계급은 각각 상대방의 존재가 전제되어야 자신도 존재할 수 있는 것이다. 다시 말해 프롤레타리아 없는 부르주아지 없고, 부르주아지 없는 프롤레타리아도 없다. 반면 군대의 계급 위계에서는 하나의 계급이 사라진다고 해도 다른 계급까지 그 존재가 불가능한 것은 아니다. 이등병이라는 계급이 없어진다면 일병이 이등병의 역할을 담당하면 그만이다. 하지만 자본가 계급과 노동자 계급은 자본-노동이라는 관계의 결과이다. 따라서 이러한 관계를 유지시켜 주는 어떤 힘이 존재하지 않는다면, 계급으로서의 자본가나 노동자는 존재할 수 없다.

그렇다면 '계급'은 어떻게 구성되는가? 위에서 우리는 마르크스가 사용하는 '계급'이라는 용어가 어떤 특정한 '관계'를 전제로 하는 개념임을 알았다. 그런데 '어떤' 관계일까? 사람들은 누구나 다양한 관계들 속에서 살아가고 있다. 가족 관계 속에서는 아버지, 어머니, 아들, 딸의 위치에 있게 되며 사회 관계 속에서는 학생이면서 동시에 용돈을 벌기 위해 아르바이트를 하는 피고용인일 수도 있다.

이처럼 다양한 관계들 중에서 마르크스와 엥겔스는 계급을 구성하는 가장 중요한 힘은 바로 '생산관계'라고 보았다. 생산관계란 고용주와 피고용인의 관계를 의미한다. 고용주는 공장이나 생산 설비 등을 소유하고 있는 반면, 피고용인은 노동할 수 있는 자신의 신체만을 소유하고 있을 뿐이다. 오늘날처럼 수만 가지의 상품이 쏟아져 나오고 있는 사회에서, 두 집단 가운데 어느 한 쪽이라도 존재하지 않는다면 아무것도 생산될 수 없을 것이다. 고용주는 자신의 공장이나 생산 설비를 작동시키기 위해 노동할 사람들을 필요로 하고, 피고용인은 먹고살기 위해 일자리를 필요로 한다. 이 때문에 오늘날에는 대다수의 사람들이 고용주이거나 피고용인으로 살아간다.

그런데 생산관계는 시대에 따라 변화한다. 예컨대 노예제 사회에서는 노예 소유주와 노예 사이의 관계가 기본적인 생산관계이며,

봉건 사회에서는 토지 소유자와 농노 혹은 토지 임대 농민 사이의 관계가 중심이다. 하지만 그 차이에도 불구하고 노예 소유주와 토지 소유자, 자본가들은 생산에 필요한 핵심적인 수단(노예, 토지, 자본)을 소유한 계급들인데 반해 노예, 농노 혹은 토지 임대 농민, 노동자들은 자신의 노동력(노동을 할 수 있는 능력) 이외에는 소유한 것이 아무것도 없다는 공통점을 지닌다.

계급이 생산관계에 의해 구성되는 것이라면 '계급투쟁'이란 무엇일까? 계급투쟁이란 바로 이러한 생산관계가 '투쟁'이라는 갈등의 방식으로 진행된다는 것을 의미한다. 자본주의 사회에서 노동자 계급과 자본가 계급은 각각 상대의 존재를 필요로 하지만 이들 사이의 관계는 평화적인 것이 아니라 갈등하는 관계다. 그래서 두 계급은 서로 '투쟁'한다는 것이다. 마르크스와 엥겔스는 많은 사람들의 생각과는 달리 인류의 역사가 평화와 공존을 향해 진보해 온 것이 아니라, 계급투쟁의 연속이었다고 단언했다. 뿐만 아니라 우리가 살고 있는 현대 자본주의 사회에서조차 계급투쟁은 사라지지 않고 계속되고 있다고 강조했다.

봉건 사회가 몰락하면서 생겨난 현대 부르주아 사회는 계급 대립을 폐지하지 않았다. 부르주아 사회는 다만 새로운 계급들, 억압의 새로운 조건들, 투쟁의 새로운 모습들로 낡은 것들을 바꿔 놓았을 뿐이다. 그렇다 해도 우리 시대, 부르주아지의 시대는 계급 대립을 단순화했다는 점에서 두드러진다. 사회 전체는 점점 더 두 개의 커다란 적대적 진영들로, 서로 직접 대립하는 두 개의 커다란 계급들로 분열하고 있으니, 부르주아지와 프롤레타리아가 그것이다. 1장

마르크스와 엥겔스에 따르면, 자본주의 사회는 점점 부르주아지와 프롤레타리아라는 두 개의 계급으로 양분되고 있으므로 계급투쟁이 훨씬 첨예화되고 있다는 것이다. 이 계급투쟁에서 프롤레타리아는 엄청난 희생을 강요받고 있다. 당연히 마르크스와 엥겔스는 약자인 프롤레타리아 편에 섰다. 하지만 그렇다고 해서 부르주아지가 가져온 역사적 성과를 결코 부정하지도 않았다. 그들은 부르주아지가 일궈 낸 성과 위에서만 프롤레타리아의 완전한 해방이 이룩될 수 있다고 보았다.

부르주아지의 위대함

마르크스와 엥겔스는 자본주의에 명백히 반대하는 입장을 취했지만, 자본주의 이전의 사회로 돌아갈 것을 주장하지도 않았다. 오히려 그들은 산업 발전의 열렬한 옹호자였다. 마르크스와 엥겔스는 과학과 산업의 발전이 인류에게 더 많은 자유를 위한 초석을 놓았다고 생각했다. 따라서 그들은 현대의 눈부신 산업 발전을 이루어 낸 부르주아지의 위대함을 평가하는 데 결코 인색하지 않았다.

부르주아지는 백 년도 채 안 되는 자신들의 계급 지배 기간 동안, 과거의 모든 세대들을 합친 것보다 더 많고, 더 거대한 생산력들을 창조하였다. 1장

부르주아지는 봉건 사회에서 최초로 등장했지만, 해외에서 식민지가 대규모로 개척되고 상업의 규모가 증대되기 시작하면서 빠른 속도로 발전했다. 봉건 사회에서 상업은 최소한의 생필품을 교환하게 해 주는 단순한 역할만을 했을 뿐이다. 따라서 상업의 규모는 보잘것없었고, 몇몇 국제적인 대상인들을 제외하고는 그 범위가 대체로 국내에 한정되어 있었다. 하지만 식민지 개척 이후에 시장이 확대되고 상업의 규모도 크게 팽창되면서, 적잖은 상인들이 무역을 통해 이른바 대자본가로 성장할 수 있었다. 국내와 해외의 상품 수요가 크게 증가하고, 증기 기관과 기계 장치의 발명을 통해 엄청난 수요에 맞춰 상품을 공급할 수 있게 되면서 부르주아지는 더욱더 많은 부를 축적할 수 있었다.

아메리카의 발견, 아프리카의 회항은 대두하는 부르주아지에게 신천지를 열어 주었다. 동인도 시장과 중국 시장, 아메리카의 식민지화, 식민지들과의 교역, 교환 수단 및 상품 일반의 증가 등은 상업, 해운, 공업에 미증유의 비약을 가져다 주었으며, 그럼으로써 허물어져 가던 봉건 사회 안의 혁명적 요소에 급속한 발전을 가져다 주었

> 다. 〔…〕 시장은 줄곧 성장했고 수요는 줄곧 증가했다. 〔…〕 그때 증기와 기계 장치가 공업 생산에 혁명을 일으켰다. 매뉴팩처의 자리에 현대 대공업이 들어섰고, 공업 중간 신분의 자리에 〔…〕 부르주아들이 들어섰다. 〔…〕 부르주아지는 공업, 상업, 해운, 철도 등이 신장되는 것과 같은 정도로 발전했고, 자신들의 자본을 증식시켰으며, 중세로부터 내려오던 모든 계급들을 뒷전으로 밀어냈다. 1장

한 지역에서 큰 부를 쌓은 부르주아지는 거기에 만족하지 않고, 국가의 경계를 넘어서 더 넓은 세계로 진출하기 시작했다.

> 부르주아지는 자신들의 세계 시장을 개척함으로써 모든 나라들의 생산과 소비가 범세계적인 꼴을 갖추게 하였다. 〔…〕 부르주아지는 공업의 발밑에서 그 국민적 기반을 빼내 가 버렸다. 태고의 국민적 공업들은 절멸되었고, 또 나날이 절멸돼 가고 있다. 〔…〕 국산품에 의해 충족되었던 낡은 욕구들 대신에 새로운 욕구들이 들어서는데, 이 새로운 욕구들을 충족시키기 위해서는 아주 먼 나라와 토양의 생산물들이 필요하다. 낡은 지방적, 국민적 자급자족과 고립 대신에 국민들 상호간의 전면적 교류, 전면적 의존이 들어선다. 〔…〕 부르주아지는 모든 생산 도구들의 급속한 개선과 한없이 편리해진 교통을 통해 모든 국민들을, 가장 미개한 국민들까지도 문명 속으로 잡아당긴다. 〔…〕 부르주아지는 모든 국민들에게 망하고 싶지 않거든

부르주아지의 생산 방식을 취하라고 강요하며, 이른바 문명을 자국에 도입하라고, 다시 말해 부르주아가 되라고 강요한다. 한마디로, 부르주아지는 자기 자신의 형상을 따라 세계를 창조하고 있다. 1장

마르크스와 엥겔스는 부르주아지가 자신의 형상을 따라 세계를 창조하고 있다고 말했다. 무슨 뜻일까? 서유럽의 부르주아들이 세계 시장을 자신의 무대로 삼기 위해서는, 아직까지 세계 무대에 나서지 않고 있던 유럽 외부의 국가들을 무력을 통해서라도 끌어내어 세계 시장의 규칙에 적응토록 할 필요가 있었다. 물론 이때의 '규칙'은 부르주아지 자신이 정한 것이었다.

그 단적인 예가 면화 무역의 경우였다. 앞에서 살펴본 것처럼, 영국의 산업 혁명은 면 공업의 발달에 따른 것이었다. 그런데 사실 최초의 면 제품은 원래 '캘리코'라는 인도의 토종 상품이었다. 캘리코는 유럽인들에게 인기가 매우 좋아서 인도로부터 대규모로 수입되었다. 물론 유럽의 제조업자들도 캘리코를 모방한 면직 제품을 만들기는 했지만 캘리코의 품질을 따라갈 수 없었다.

하지만 영국의 제조업자들은 다른 방법을 발명해 냈다. 그들은 정부에 압력을 넣어 캘리코 수입을 금지토록 함으로써, 영국 내에서 면 공업이 발달할 수 있는 토대를 마련했던 것이다. 반면 면 제품의 주요 생산국이었던 인도는 영국에서 수입 금지 조치가 내려지자 갑자기 수출길이 막혀 버렸고, 국내 시장마저 영국산 면 제품에

부르주아지는 국가의 경계를 넘어 세계 시장을 개척함으로써, 모든 나라들의 생산과 소비가 범세계적인 꼴을 갖추게 하였다. 부르주아지는 자신의 형상을 따라 세계를 창조해 나가고 있는 것이다. 영국의 부르주아지를 꼬집은 풍자화.

밀려 인도의 면 산업은 붕괴하고 말았다. 왜냐하면 인도의 전통적인 농촌 가내 공업은 품질 좋은 면 제품을 만들 수 있을지는 몰라도, 영국의 대규모 공장에서 기계를 이용해 생산해 내는 값싼 면 제품과의 경쟁에서 결코 승리할 수는 없었기 때문이다.

다른 한편, 영국은 면 제품을 대량으로 생산해 내기 위해서 원료인 면화가 필요했다. 영국에는 면화를 재배하기에 적당한 기후 조건을 갖춘 곳이 그리 많지 않았으므로, 해외 식민지에서 주로 면화를 공급받았다. 이러한 원료 공급지의 역할을 담당했던 곳이 바로 아메리카였다. 그런데 '플랜테이션' 이라고 불렸던 아메리카의 대농장은 아프리카에서 강제로 이주해 온 흑인 노예들에 의해 유지되었다. 신대륙인 아메리카는 당시까지만 하더라도 일할 수 있는 노동력이 부족했기 때문이다. 만약 흑인 노예들이 없었다면 영국에 수출하는 면화의 물량을 생산하지 못했을 테고, 영국 면 공업의 발달 또한 성공하지 못했을 것임에 틀림없다. 물론 흑인 노예들의 생활상이 얼마나 비참했는가는 굳이 설명할 필요가 없을 것이다.

이처럼 영국의 부르주아들은 세계 시장을 '혁명적으로' 개척하는 데 성공했다. 인도는 면 제품의 최대 수출국에서 최대 시장으로 변모하였고, 아메리카는 면 공업의 원료 공급지 역할을 했으며, 아프리카는 노동력의 공급지가 되었다. 이러한 관계의 중심에는 영국이 있었다. 영국은 아프리카-인도-아메리카에 이르는 하나의 무역망을 창출함으로써 생산과 소비가 '범세계적인 꼴' 을 갖추게 했다. 부르주아지의 '업적' 은 이뿐만이 아니었다.

부르주아지는 농촌을 도시의 지배 아래 복속시켰다. 부르주아지는 거대한 도시들을 창조했고, 도시 인구의 수를 농촌 인구에 비해 크게 증가시켰으며, 그리하여 인구 중 현저히 많은 부분을 우매한 농촌 생활에서 떼 내었다. 부르주아지는 농촌을 도시에 의존하게 만든 것과 마찬가지로 야만적 나라들과 반半야만적 나라들을 문명국들

> 에, 농업 민족들을 부르주아 민족들에, 동양을 서양에 의존하게 만들었다. 부르주아지는 생산 수단, 소유, 인구 등의 분산을 점점 더 없앤다. 부르주아지는 인구를 밀집시키고, 생산 수단을 집중시키고, 소유를 소수의 수중에 집적시켰다. 1장

부르주아들은 전세계적인 수준으로 뻗어나가는 것에만 만족하지 않았다. 그들은 자신들의 국가 또한 '혁명적으로' 변화시켰다. 전前자본주의적인, 즉 봉건적인 잔재를 모조리 없애고 그 위에 자본주의적 생산관계를 새롭게 세우는 일이 그것이었다. 사라져야 할 봉건적 특성 가운데 가장 핵심적인 것은 바로 인구의 대다수를 차지하고 있던 농민들과 토지 제도였다.

봉건주의 시대에 토지를 소유하지 못한 대다수의 농민들은 영주의 토지를 빌려 일해야 했다. 대신 영주에게 복종하면서 일정 시간 동안 영주의 직영지에서 일하거나, 현물이나 화폐로 영주에게 지대를 납부했다. 또한 '개방 경지' 와 '공유지' 가 있어서 농민들이 자유롭게 이용하곤 했다. 이러한 토지들은 비록 영주의 소유이긴 했지만 농민들이 각자 소유한 가축들을 공동으로 풀을 뜯게 할 수 있는 공간이었고, 필요한 목재를 얻는 곳이었으며, 만약 이곳에 연못이나 강이 흐르고 있다면 누구나 자유롭게 물고기를 낚을 수 있는 장소이기도 했다. 당시의 농민들은 비록 자유롭지 못하고 가난했지만 어쨌든 일할 수 있는 토지와 공유지가 있었기 때문에 어느 정도의

생활을 영위해 갈 수 있었다.

그러나 이러한 현실은 '실리에 밝은' 부르주아지의 눈에는 너무나 답답하고 한심한 것이었다. 그렇게 수많은 사람들을 토지에 묶어 두는 것은 비생산적으로 보였기 때문이다. 부르주아지는 농업보다는 공업이 훨씬 더 생산적이고 높은 수익을 낳는다고 생각했다. 뿐만 아니라 그들은 토지 자체도 더 수익성 있는 방식으로 개발될 수 있다고 믿었다. 이를 위해서는 우선 토지를 다른 상품과 마찬가지로 매매가 가능하도록 만들어야 했다. 사실 영주의 입장에서도 지대의 형태로 조금씩 꾸준히 수입을 얻는 것보다, 토지의 일부를 매각하여 한번에 목돈을 쥐거나 농업 이외의 다른 용도로 사용하는 것이 훨씬 더 이득이었다. 이제 전통적인 토지 소유 관계 역시 부르주아에 의해 '혁명적인' 방식으로 변화하기 시작했다.

영주들은 영지의 농민들이 자유롭게 사용하고 있던 공유지에 울타리를 쳐서 더 이상 드나들 수 없도록 했다. 이른바 '인클로저 enclosure' 운동, 우리말로 '울타리치기' 운동이 마치 유행처럼 번져 나갔다. 영주들은 이러한 토지들을 매각하여 상당한 수입을 얻었던 반면, 더 이상 공유지를 이용할 수 없게 된 농민들은 경제적으로 더욱 어려워질 수밖에 없었다.

그뿐만이 아니었다. 양모 가격이 상승하자 영주들은 이제까지 농민들에게 임대했던 농지들을 목초지로 바꿔 양과 소 같은 가축들을 방목하기 시작했다. 영주들은 이를 통해 더 큰 부를 쌓게 되었지만,

●●●
농촌에서 밀려난 농민들은 일자리를 찾아 도시로 몰려들었다. 보수가 낮아도 일하려는 사람은 넘쳐났기 때문에 노동자가 된 농민들의 생활상은 이전보다 훨씬 비참해졌다. 가난한 노동자들의 주거 공간이 된 도시 변두리의 빈민가. 영국 런던(1889).

경작해 온 토지로부터 쫓겨난 수많은 농민들은 생계를 유지할 수 있는 중요한 수단을 상실하고 말았다. 농민들이 살았던 마을은 이제 목동 한 사람과 양치기 개만이 지키는 황량한 목초지로 변해 버렸다. 아무런 생계 수단을 가지지 못한 농민들은 기아에 허덕이게 되었다. 이러한 비참한 상황을 목도한 어떤 사람은 "양이 사람을 잡아먹는다."고 개탄할 정도였다.

농촌에서는 더 이상 살아갈 수 없게 된 수많은 사람들이 일자리를 찾아 도시로 몰려들었다. 도시에는 막 발전하기 시작한 대공장들이 그들을 기다리고 있었다. 하지만 공장의 일자리 수는 제한되어 있는데, 농촌에서 밀려난 사람들은 그보다 훨씬 많았다. 아무리 보수가 낮아도 일하려는 사람은 넘쳐났다. 이처럼 노동력이 풍부했기 때문에 공장주들은 최소한의 임금으로 노동자들을 고용할 수 있었고, 그만큼 이득을 볼 수 있었다. 물론 도시로 이주해 노동자가 된 농민들의 생활상은 이전보다 훨씬 더 비참해졌음은 말할 필요도 없다.

부르주아지가 만들어 낸 이 같은 변화를 마르크스와 엥겔스는 '혁명'에 비유했다. 부르주아지는 봉건 사회를 무너뜨리고 새로운 세계를 창조해 냈던 것이다. 하지만 이러한 '혁명'을 통해 탄생한 새로운 세계는 봉건 사회에서 존재했던 착취와 억압이 사라진, 모든 사람의 행복을 약속하는 그런 세계는 결코 아니었다. 마르크스와 엥겔스는 부르주아지가 수행한 '혁명'의 본질을 다음과 같이 정확히 꿰뚫어 보았다.

> 부르주아지는 역사에서 매우 혁명적인 역할을 하였다. 부르주아지는 자신들의 지배권을 얻은 곳에서 모든 봉건적, 가부장제적, 목가적 관계들을 파괴하였다. 부르주아지는 타고난 상전들에 사람을 묶어 놓던 잡다한 색깔의 봉건적 끈들을 무자비하게 잡아뜯어 버렸고, 사람과 사람 사이에 노골적인 이해관계, 냉혹한 "현금 계산" 말고는 아무런 끈도 남겨 놓지 않았다. 〔…〕 부르주아지는 개인의 존엄성을 교환 가치로 용해시켜 버렸으며, 문서로 인증되고 정당하게 얻어진 수많은 자유를 단 하나의 인정 사정 없는 상업 자유로 바꾸어 놓았다. 한마디로 부르주아지는 종교적, 정치적 환상 때문에 은폐되어 있던 착취를 공공연하고 파렴치하며 직접적이고 무미건조한 착취로 바꾸어 놓았다. 1장

생산력과 생산관계

역사를 해석하는 데는 다양한 시각이 존재한다. 그 가운데 우리가 알게 모르게 영향을 받고 있는 시각의 하나는 '영웅사관'이다. 영웅사관이란 역사의 진보는 몇몇 영웅들에 의해 이루어진다는 것이다. 이 영향 때문인지 사람들은 종종 "나폴레옹이 없었다면", 혹은 "이순신이 없었다면"이라는 질문을 던져 보곤 한다.

마르크스와 엥겔스는 역사가 소수의 뛰어난 영웅들에 의해 진보한다고 보지 않았다. 역사 속에서 위대한 업적을 남긴 몇몇 뛰어난 사람들이 있기는 하지만, 중요한 것은 개인보다 더 거대한 힘을 발견해 내는 일이다. 이러한 관점에서 보자면, 봉건 사회를 자본주의 사회로 변화시킨 '혁명' 또한 단순히 부르주아 계급의 위대함만으로는 설명될 수 없었다. 핵심은 부르주아지가 자본주의를 탄생시키는 것을 가능하게 만든 이면의 힘을 발견해 내는 데 있었다. 마르크스와 엥겔스는 바로 그 '힘'이 '생산력과 생산관계'라고 말했다. 마르크스와 엥겔스의 놀라운 독창성은 바로 여기에 있다. 저자들의 통찰력 있는 설명을 따라가 보자.

> 우리는 이리하여 다음의 사실을 알게 되었다. 부르주아지가 양성된 기초였던 생산 수단들과 교류 수단들은 봉건 사회 안에서 태어났다. 이 생산 수단들과 교류 수단들의 특정 발전 단계에 이르러, 봉건 사회가 생산하고 교역했던 무대인 관계들, 농업과 제조업의 봉건적 조

직, 한마디로 봉건적 소유관계들은 이미 발전한 생산력들에 더 이상 걸맞지 않게 되었다. 이 봉건적 소유관계들은 생산을 촉진하는 대신에 저지하였다. 그것은 그만큼 많은 수의 족쇄들로 바뀌어 버렸다. 그것들은 폭파되어야 했고, 폭파되었다. 그것들의 자리에 자유 경쟁이 들어섰으니 그에 걸맞은 사회적, 정치적 기구와 함께 즉 부르주아 계급의 경제적, 정치적 지배와 함께 들어섰던 것이다. 1장

위 인용문에서 가장 핵심적인 개념은 '생산력'과 '소유관계'(이 개념은 이후에 '생산관계'란 말로 바뀐다)라는 용어다. 이를 하나씩 차례로 살펴보기로 하자. 우선 '생산력'은 말 그대로 생산 능력을 의미하는데, 그 발전 수준은 생산 수단과 노동력의 결합에 의해 가늠된다. 따라서 생산력의 발전은 기계의 발전, 노동 과정에서의 혁신, 새로운 에너지원의 도입 등에 의해 이루어지는 것으로서, 크게는 '기술 진보'와 동일한 것으로 볼 수 있다.

다른 한편 '생산관계'는 이러한 생산력을 누가 조직하고 지배하느냐, 다시 말하면 생산력(생산 수단과 노동력)에 대한 통제권을 둘러싼 관계를 의미한다. 예컨대 자본주의 사회에서 생산관계의 특수성은 다음과 같은 것이다. 프롤레타리아는 노동력만을 소유하기 때문에 자신의 노동력을 팔지 않고서는 생존할 수 없다. 반면, 부르주아는 생산 수단을 소유할 뿐만 아니라 노동력을 고용해 특정한 방식으로 일하도록 함으로써 노동자들을 착취하고 지배한다. 따라서

'생산관계'는 곧 계급간의 지배와 종속, 착취의 관계로서 '계급관계'라고도 볼 수 있다.

마르크스와 엥겔스의 설명에 따르면, 최초의 자본주의적 생산력은 봉건 사회에서 그 맹아가 형성되었다. 그러나 생산력이 점차 발전함에 따라 봉건 사회의 생산관계와 더 이상 공존할 수 없게 되었다. 이는 대공장과 기계의 발전이 토지를 중심으로 하는 영주와 농노 사이의 관계와 공존할 수 없는 것과 같다. 왜냐하면 대공장은 그곳에서 일할 수 있는 대규모의 노동자들을 필요로 하는데, 농업에 기반한 봉건 사회의 영주들은 농노들의 자유로운 이동을 막았기 때문이다. 더군다나 충분하지는 않아도 어느 정도 먹고살 수 있는 농토가 주어진 상황에서는 아무도 공장에서 일하려 하지 않을 것이었다. 이제 봉건 사회의 생산관계는 생산력의 발전에 도움을 주기보다는 오히려 방해가 되었다. 따라서 영주와 농노라는 과거의 생산관계를 대체하여, 새로운 생산력 발전에 걸맞은 자본가와 프롤레타리아라는 자본주의적 생산관계가 출현하기 시작했다. 자본주의적 기술 진보는 결국 봉건적 생산관계를 타파하고 자신에게 보다 적합한 새로운 생산관계와 결합했던 것이다.

마르크스는 10여 년 뒤, 생산력과 생산관계 사이의 관계에 대해 보다 간결한 말로 정리했다.

일정한 발전 단계에서 사회의 물질적 생산력은 그것이 지금까지 작용하여 왔던 현존하는 생산관계와 모순되기에 이른다.

—『정치경제학의 비판을 위하여』, 『저작 선집2』

이처럼 마르크스와 엥겔스는 '영웅사관'과는 완전히 다른 새로운 역사관을 제시했다. 생산력과 생산관계가 어느 정도 조화롭게 결합되는 시대는 안정적으로 유지되지만, 기술 진보에 의해 둘 사이의 관계가 모순에 이르게 되면 봉건 사회에서 자본주의 사회로의 이행과 같은 '혁명'이 일어난다는 것이다. 따라서 외관상으로는 '혁명적인 부르주아 계급'에 의해 자본주의라는 새로운 사회가 탄생한 것으로 보이지만, 그 이면에는 생산력과 생산관계의 모순이라는 힘이 작동하고 있었다.

그런데 생산력의 발전이 기존의 생산관계와 모순에 처하게 되면서 현대적인 자본주의로의 이행이 나타났다면, 자본주의에서의 생산력의 발전도 언젠가는 자본주의적 생산관계와 모순에 처하게 되지 않을까? 마르크스와 엥겔스는 당연히 "그렇다"고 대답했다.

우리 눈앞에 이와 비슷한 운동이 일어나고 있다. 부르주아적 생산관계들과 교류 관계들, 부르주아적 소유관계들, 즉 그토록 강력한 생산 수단과 교류 수단을 마법을 써서 불러내었던 현대 부르주아 사회는, 주문을 외워 불러내었던 지하 세계의 힘에 더 이상 군림할 수 없게 된 마법사와 같다. 〔…〕 주기적으로 재발하며 점점 더 위협적으로 부르주아 사회 전체의 존재를 문제 삼는 〔…〕 상업 공황 때에는, 이전의 모든 시기에는 어불성설로 보였을 하나의 사회적 전염병이 돌발한다. 과잉 생산이라는 전염병이 그것이다. 사회는 갑자기 순간적인 야만의 상태로 되돌아간다. 기아와 전면적인 섬멸전은 사회에 대한 모든 생활 수단들의 보급을 차단해 버린 것처럼 보인다. 공업과 상업은 절멸된 듯 보인다. 〔…〕 부르주아지가 봉건제를 때려눕힐 때 쓴 무기들이 지금은 부르주아 자신에게 겨눠져 있다. 1장

현대인들은 은연중에 오늘날 같은 자본주의 사회가 앞으로도 영원히 지속될 것이라고 생각하기 쉽다. 그러나 이러한 생각은 별로 근거가 없다. 고대 노예제 사회가 붕괴하여 봉건제 사회로 발전했고 봉건제 사회가 붕괴되어 자본주의 사회로 발전했다는 사실을 인정한다면, 이러한 변화가 앞으로도 계속되지 말란 법은 없기 때문이다. 봉건제를 무너뜨리면서 자본주의를 창조해 내는 데 기여했던 생산력의 발전이, 자본주의 사회에서도 멈추지 않고 진행되고 있다. 그렇다면 봉건제의 붕괴와 동시에 자본주의의 성립을 가져온 그 '힘'이 이제는 자본주의를 향해 겨눠져 있을지 모른다.

그런데 여기서 한 가지 중요한 질문을 던져 보기로 하자. 마르크스와 엥겔스의 주장대로 역사가 생산력과 생산관계의 모순에 의해 발전하는 것이라면, 인간이 역사에서 담당하는 역할은 무엇인가? 달리 말하면 기술은 언제나 진보하게 마련이므로 인간의 의식적인

노력 없이도 언젠가는 기존의 생산관계와 모순에 처하게 될 테고, 그러면 '자동적으로' 자본주의와는 다른 새로운 사회가 출현하게 되는 것은 아닐까? 또한 마르크스와 엥겔스는 앞에서 역사의 원동력은 '계급투쟁' 이라고 말한 바 있다. 그런데 역사를 움직이는 힘이 '계급투쟁' 이라고 말하는 것은 '생산력과 생산관계의 모순' 이라고 말하는 것과는 다소 다른 의미를 지닌다. 왜냐하면 전자는 인간들의 의식적인 노력과 행동을 전제로 하는 반면, 후자는 그것과는 별개의 어떤 '자동적인 힘' 을 전제로 하기 때문이다.

이처럼 『공산주의 선언』에는 역사에 대한 두 가지의 주장이 혼재되어 있는 듯 보인다. 역사를 움직이는 원동력이 어떤 곳에서는 '계급투쟁' 이라고 하고, 또 다른 곳에서는 '생산력과 생산관계의 모순' 이라고 이야기하는 것이다. 어떤 주장이 옳은 것일까?

오늘날의 관점에서 보자면 기술 진보로 인해 자본주의가 자동적으로 붕괴한다는 입장을 지지하기란 쉽지 않다. 마르크스와 엥겔스가 살던 시대와 비교해 보면 오늘날의 기술 진보 수준은 엄청나다. 그런데 자본주의는 붕괴했는가? 아마도 어떤 사람들은 "기존의 생산관계와 모순에 처할 만큼"의 기술 진보는 아직 일어나지 않았다고 말할지도 모른다. 그렇다면 얼마만큼의 기술 진보와 생산력의 발전이 필요한 것일까? 생산력을 강조하는 사람들은 이러한 질문에 결코 대답할 수 없다. 더군다나 자본주의의 붕괴가 기술 진보에 따라 '필연적인' 것이라면 마르크스와 엥겔스 같은 공산주의자들이 『공산주의 선언』을 쓰고, 자신들의 삶을 희생해 가며 혁명을 위해 노력했던 이유는 무엇이란 말인가?

기술 진보와 생산력의 발전은 해가 뜨고 지는 것처럼 인간의 의식적인 행동이나 사고와는 전혀 무관한 객관적이고 중립적인 과정이 아니다. 결론적으로 말하면 기술 진보의 방향은 '편파적'인 것이다. 예를 들어 보자. 20세기 초반 공장에서 컨베이어를 도입하면서 생산 기술은 비약적으로 진보했다. 컨베이어는 생산 효율성을 거대한 규모로 증가시켰다. 하지만 노동자들의 입장에서는 어땠을까? 찰리 채플린의 영화 〈모던 타임즈〉에서 묘사된 것처럼 노동자

●●●
20세기 초 컨베이어의 도입으로 생산성은 비약적으로 증가했지만, 거대하게 돌아가는 공장 안에서 노동자들은 하나의 기계 부품으로 전락했다. 비인간적인 자본주의의 본성을 날카롭게 풍자한 채플린의 영화 〈모던 타임즈〉의 한 장면.

들은 거대하게 돌아가는 공장 안에서 하나의 기계 부품으로 전락할 뿐이었다. 노동자들은 컨베이어가 돌아가는 시간에 맞춰 자신들이 맡은 단순 작업을 반복해야 한다. 만약 조금이라도 속도에 맞추지 못한다면 감독관의 호된 질책을 받는다. 컨베이어가 돌아가는 순간에는 노동자들은 더 이상 인간이 아니다.

그런데 생산 기술은 필연적으로 이러한 방식으로만 발전할 수밖에 없는 것일까? 생산 과정이 '더 인간적인' 모습을 띠도록 하는 기술 진보는 존재할 수 없는 것일까? 여기서 한 가지 결론이 나온다. 자본주의 사회에서의 기술 진보는 중립적인 과정이 아니라, 자본가들에게 유리하게 이루어진다는 것이다. 이를 '편향적 기술 진보'라고 부른다. 기술 진보와 생산력 발전 역시 계급투쟁이 진행되고 있는 사회 속에서 이루어지는 과정이라는 것이다. 이렇게 본다면 계급 관계와 계급투쟁을 전제하지 않는 한, 역사를 움직이는 원동력이 '생산력과 생산관계의 모순'이라는 주장은 아무런 의미를 갖지 않는다.

따라서 우리는 『공산주의 선언』에 혼재되어 있는 두 가지 주장을 이렇게 이해해야 한다. 역사가 생산력과 생산관계의 모순에 의해 움직인다는 마르크스와 엥겔스의 주장은 매우 통찰력 있는 분석임에 틀림없지만, 생산력의 발전 이면에 이미 계급투쟁이 존재하고 있다는 사실을 인식하지 못한다면 불완전할 수밖에 없다. 기술 진보나 생산력 발전은 사회와 동떨어진 중립적인 과정이 아니라, 계급 관계의 지배를 받고 계급투쟁이 벌어지고 있는 사회 속에서 진행되는 과정이다. 따라서 계급투쟁에서 부르주아지가 우세를 점하는 한, 기술 진보 역시 그들에게 유리하게 이루어진다는 것이다.

『공산주의 선언』에서는 다소 모호하게 표현했지만, 마르크스와 엥겔스는 이를 정확하게 인식하고 있었다. 그것은 '프롤레타리아'에 대한 강조에서 잘 드러나고 있다. 우리가 지금까지 살펴본 『공산주의 선언』에서는 오직 부르주아지만이 등장했다면, 이제부터는 계급투쟁의 또 다른 주체인 '프롤레타리아'가 등장한다. 프롤레타리아는 비록 자본주의 사회에서 하나의 '상품'으로 취급되고 있지만, 부르주아지에 저항하며 착취와 불평등을 지속시키는 자본주의를 붕괴시킬 주인공이었다.

> 부르주아지는 자신에게 죽음을 가져오는 무기들을 벼려 냈을 뿐만 이 아니라, 이 무기들을 지니게 될 사람들도 낳았다. 현대 노동자들, 프롤레타리아들이 바로 그들이었다. 1장

부르주아지의 무덤을 파는 프롤레타리아

마르크스와 엥겔스는 생산력의 발전은 자본주의의 종말을 가져올 '무기'들을 만들어 냈으며, 더욱 중요하게는 이 무기들을 지니게 될 '프롤레타리아'를 낳았다고 강조하고 있다. 무기는 그 자체만으로는 아무런 의미가 없을 것이다. 왜냐하면 이 무기를 들고 적

들을 향해 휘두를 용맹한 전사들이 존재하지 않는다면, 변하는 것은 아무것도 없기 때문이다. 그런데 마르크스와 엥겔스가 묘사하고 있는 프롤레타리아는 이러한 '전사'와는 거리가 멀어 보인다.

> 프롤레타리아의 노동은 기계 장치의 확산과 분업으로 말미암아 모든 자립적 성격을, 따라서 노동자들에게 주는 모든 매력을 상실하였다. 프롤레타리아는 가장 간단하고, 가장 단조롭고, 가장 쉽게 배울 수 있는 손동작만 요구받는 단순한 기계 부속품이 된다. 〔…〕 그들은 부르주아 계급, 부르주아 국가의 노예일 뿐만 아니라 날마다 시간마다 기계에 의해, 감독에 의해, 그리고 무엇보다도 공장을 운영하는 개별 부르주아 자체에 의해 노예화된다. 〔…〕 공장주에 의한 노동자의 착취가 끝나서 노동자가 자신의 임금으로 현금을 지불받게 되면, 부르주아지의 또 다른 부분들이 노동자에게 엄습하는데 집주인, 소매상인, 전당포 영업자들이 그런 사람들이다. 1장

기계가 돌아가는 대공장 체제에서는 더 이상 고도의 숙련 기술이 필요 없고, 노동자들은 기계 작동을 보조해 주는 단순 작업만을 하게 된다. 그래서 자본주의 초기, 높은 숙련 기술을 통해 어느 정도의 사회적 지위를 누리고 있던 장인들은 기계의 도입과 함께 큰 타격을 받았다. 물론 그 중 수완이 좋았던 일부 장인들은 기회를 잡아 자본가로 변신할 수 있었다. 그러나 대다수의 장인들은 공장 밖으

로 내몰렸고 그들의 자리를 새로운 기계가 대체했다. 따라서 숙련공의 지위에서 실업자로 내몰린 이들이 기계에 대한 적개심을 갖는 것은 당연한 일이었다. 이들은 절망에 휩싸여 폭동을 일으켰고 닥치는 대로 기계를 파괴했다. 이른바 '러다이트 운동'(Luddite Movement, 기계 파괴 운동)이 벌어진 것이다. 그러나 이러한 폭동은 곧 정부가 개입함으로써 진압되었다.

새롭게 생겨난 비숙련 공장 노동자들은 마치 군대와도 같은 공장에서 엄격한 규율을 감수해야 했다. 작업 시간에 조금이라도 늦거나 실수를 하면 벌금을 물거나 처벌을 받기 일쑤였고, 때로는 감독자 몫의 노동 시간이나 노동 당번을 대신해야 하기도 했다. 어떤 지역의 공장 노동자들은 고용주가 경영하는 가게에서만 물품을 사야 했으며, 어떤 공장에서는 임금 대신 현물을 지급받는 경우도 있었다. 그러나 공장 노동자들에게는 감독자나 고용주에게 대항하기는 커녕 심지어 불만을 토로할 수 있는 법적 권리나 제도적 통로가 전혀 없었다. 이는 마치 현대판 노예와도 같았다.

더군다나 주기적으로 발생하는 공황은 노동자들의 생활을 더욱 어렵게 했다. 프랑스의 어떤 지역에서는 1840년대의 공황으로 섬유 노동자의 3분의 2가 일자리를 잃었다. 공장 노동을 통해 어렵사리 생계를 유지했던 이들은 아무런 대책도 없이 하루하루를 살아가야 했다. 공장 고용주뿐만 아니라 집주인과 전당포 주인들도 노동자들을 빈민으로 전락시키는 데 일조하였다. 일자리를 빼앗긴 노동자들은 먹고살기 위해 자신들이 덮고 자는 담요까지 전당포에 맡겨야 했다.

이제 아무런 희망이 없음을 깨달은 이들이 선택할 수 있는 것은 무엇이었을까? 바로 저항 이외에는 아무것도 없었다. 처음에는 자신들의 불행을 어쩔 수 없는 것으로 받아들였지만, 소수의 사람들은 더욱 부유해지는 반면 다수의 사람들은 더욱 궁핍해지는 현실을 보면서 무엇인가 잘못되어 가고 있음을 깨닫기 시작했다. 그러나 초기의 저항은 단순한 일시적 폭동에 불과했다.

•••
노동자들은 자신들에게 가해지는 불의와 폭력이 단지 개인적인 것이 아니라 노동자 전체의 일임을 깨닫고 단결하여 싸우기 시작했다. 굶주림과 비참함, 현실에 대한 분노가 프롤레타리아의 집단적 저항을 불러온 것이다. 영국 재로우Jarrow 지방 노동자들의 기아 행진(1936).

처음에는 개별 노동자들이, 그 다음에는 한 공장의 노동자들이, 그 다음에는 한 지역에 있는 한 노동 부문의 노동자들이 그들을 직접 착취하는 개별 부르주아에 대항하여 투쟁한다. 〔…〕 이 단계에서 노동자들은 전국에 걸쳐 뿔뿔이 흩어져 있으며 경쟁에 의해 산산조각 난 대중을 이룬다. 〔…〕 그러나 〔…〕 프롤레타리아는 더 커다란 대중으로 한데 모이며, 그 힘은 커지고, 자신의 힘을 더 느끼게 된다. 기계 장치가 점점 더 노동의 차이를 지워 없애고 임금을 거의 모든 곳에서 똑같이 낮은 수준으로 떨어뜨리기 때문에, 프롤레타리아 내부의 이해관계, 생활상의 처지는 더욱더 균등하게 된다. 〔…〕 노동자들은 부르주아에 대항하는 연합체들을 형성하는 일부터 시작하며, 자신들의 임금을 고수하기 위해 함께 행동한다. 〔…〕 그들의 투쟁의 진정한 성과는 직접적인 성공이 아니라 노동자들이 더욱 널리 자신들을 포괄하며 단결하는 것이다. 1장

노동자들의 초기 저항은 각자의 고용주에 대한 개별적인 반항이었다. 그러나 자신들에게 가해지는 불의와 폭력이 단지 개인적인 것이 아니라 노동자 전체의 일이라는 사실을 깨달아 감에 따라 한 공장의 노동자 모두가 단결하여 싸우기 시작했다. 그리고 한 공장에서의 저항은 다른 공장의 저항으로 이어졌고, 나아가 전국적으로 단결한 노동자들의 저항으로 발전하였다. 과거에는 숙련 수공업자, 농민, 중소 상인, 실업자로서 서로 다른 이해를 가지고 경쟁했던 노

동자들이 이제는 모두 프롤레타리아로서 결합하기 시작했다. 왜냐하면 대공장의 발전에 따라 비로소 동질적인 노동자 계급이 탄생할 조건이 마련되었기 때문이다. 결정적으로 이러한 운동을 결속시켰던 것은 굶주림과 비참함, 그러한 현실에 대한 분노였다.

프롤레타리아는 부르주아지에 집단적으로 대항하기 위해 하나의 연합체를 조직하기도 했다. 이러한 분위기 속에서 태동한 프롤레타리아 운동이 바로 공산주의였다. 공산주의는 명시적으로 '새로운 공동체'를 구축하고자 했다. 마침내 자본주의에 대항하는 '무기'를 들 수 있는 '전사'들이 탄생하기 시작한 것이다.

그런데 자본주의에 근본적으로 저항하기 위해서는 현실을 단순히 감정적으로 거부하거나 부르주아지를 증오하는 것만으로는 불충분하다. 사회를 근본적으로 변화시키기 위해서는 우선 현실에 대한 과학적 인식, 다시 말하면 자본주의 사회에서 착취가 이루어지는 '근본 원인'이 무엇인지를 인식할 필요가 있기 때문이다. 그런데 마르크스와 엥겔스는 역설적이게도 이러한 인식 능력은 부르주아지에 의해 제공된다고 보았다.

> 부르주아지는 처음에는 귀족과 대항하는 투쟁 속에 있다가, 이후에는 부르주아지 자체 가운데 공업의 진보와 모순되는 이해관계를 가지고 있는 부분들과 대항하는 투쟁 속에 있으며, 항상적으로는 모든 해외의 부르주아지와 대항하는 투쟁 속에 있다. 이 모든 투쟁들에서

부르주아지는 프롤레타리아에게 호소하고 그들의 도움을 청하며, 그리하여 그들을 정치 운동에 끌어들이지 않으면 안 된다는 것을 알게 된다. 따라서 부르주아지 자신이 프롤레타리아에게 부르주아지 자신의 교양 요소들을, 다시 말하면 부르주아지 자신에게 대항하는 무기들을 제공한다. 1장

초기의 부르주아들은 한편으로는 봉건주의에서 자본주의로의 발전을 방해하는 봉건 세력과 경쟁해야 했고, 다른 한편으로는 이윤을 놓고 다른 부르주아들과 경쟁해야만 했다. 프랑스 혁명의 예에서 보듯 봉건제를 무너뜨리기 위해 부르주아지는 '만인의 보편적 권리'를 약속하면서 노동자 계급의 도움을 청할 수밖에 없었다. 또한 다른 부르주아들보다 양질의 상품을 더 효율적으로 생산해 내기 위해서도 일부 노동자들에게 협조를 구할 수밖에 없었다. 자본가들은 자신들이 고용하는 노동자들에게 기본적으로는 경영과 사업에 관한 지식뿐만 아니라, 그 외에 다양한 지식과 교양을 교육시키게 된 것이다.

이러한 지식과 교양은 물론 일차적으로는 자본가 자신의 이익을 위한 것이지만, 교육받은 노동자들의 일부는 이러한 지식을 바탕으로 자본주의의 원리(자본주의의 발전은 노동자들의 착취에 의한 것이라는 사실)에 대한 인식에 도달하게 되었다. 의도와는 달리, 부르주아지는 부르주아지 자신에게 대항하는 무기들을 프롤레타리아에게

제공했던 것이다. 그런데 프롤레타리아에게 지적인 무기를 제공해 주는 또 다른 요인도 존재했다.

계급투쟁이 결전에 가까워지는 시기에는 결국 지배 계급 내부, 낡은 사회 전체 내부의 해체 과정이 너무나 격렬하고 너무나 날카로운 성격을 띠게 됨에 따라, 지배 계급의 한 작은 부분이 지배 계급으로부터 떨어져 나와서는 혁명적 계급, 즉 그 손안에 미래를 쥐고 있는 계급과 한편이 된다. 그리하여 예전에 귀족의 일부가 부르주아지에게로 넘어갔던 것처럼 지금은 부르주아지의 일부, 그리고 특히 역사 운동 전체의 이론적 이해에 힘겹게 도달한 부르주아 지식인들의 일부가 프롤레타리아에게로 넘어간다. 1장

프롤레타리아의 편에 선 부르주아 지식인들. 그 대표적인 예는 마르크스와 엥겔스가 아니었을까? 그렇다면 자본주의 사회에서 지배 계급의 일부가 프롤레타리아 편에 서게 되는 것은 어떤 이유에서일까? 단순한 동정심이나 정의감 때문이라고 말하는 것으로는 충분치 않다.

마르크스와 엥겔스는 역사 발전의 이면에 계급투쟁 및 생산력과 생산관계의 모순이 존재하는 것이 '역사의 법칙'이라고 말했다. '법칙'이란 '만유인력의 법칙'이나 '중력의 법칙'처럼 과학적 발견에 사용하는 용어다. 마르크스와 엥겔스는 자신들의 발견을 '과학'

이라고 굳게 믿었던 것이다.

그런데 과학이란 무엇일까? 그것은 신념이나 믿음과는 다른 무엇이다. 예컨대 "세상에서 가장 중요한 것은 돈이다."라든지, "악한 사람은 결국 지옥에 갈 것이다."라는 말은 신념이나 믿음일 수는 있어도 결코 과학일 수는 없다. 다르게 생각하는 사람도 분명히 존재할 것이기 때문이다. 반면 과학은 어떤 믿음과 신념을 가진 사람이든 상관없이 동일한 결론에 도달하는 지식 체계다.

따라서 '계급투쟁'과 '생산력과 생산관계의 모순'이 과학적 발견이라면, 그것은 부르주아지든 프롤레타리아든 누구도 부정할 수 없는 법칙이다. 다만 계급적 착취라는 현실을 온몸으로 경험하고 있는 프롤레타리아와 달리, 자본주의 사회에서 지배적인 위치에 있는 부르주아지는 '계급투쟁'과 '생산력과 생산관계의 모순'이라는 과학적 법칙에 도달하는 것이 더 힘들고 어려울 뿐이다. 그러나 끊임없이 진리를 추구하다 보면 결국 마르크스, 엥겔스와 동일한 결론에 이르게 될 것이다.

이처럼 프롤레타리아는 '역사의 법칙'에 대한 과학적 인식을 통해 더 이상 자신들의 비참한 처지가 당연하거나 운명적인 것이 아니라는 결론에 이르게 되었다. 그리고 그러한 현실을 바꾸기 위해서는 집단적인 노력과 운동이 필요하다는 사실을 깨달았으며, 저항을 위해 단결하기 시작했다. 이 같은 움직임은 부르주아지의 입장에서는 커다란 위협일 수밖에 없었다. 왜냐하면, "이제까지의 모든 운동들은 소수의 운동들이었거나 소수의 이해관계에 따른 운동들" 이었던 반면, "프롤레타리아 운동은 엄청난 다수의 이해관계에 따른 엄청난 다수의 자립적 운동"(1장)이기 때문이다. 인구의 절대 다수가 세계를 변화시킬 것을 요구한다면 아무리 부르주아지라도 그에 굴복하고 말 것이다. 마르크스와 엥겔스는 다음과 같이 선언하는 것으로까지 나아갔다.

> 부르주아지는 무엇보다도 자기 자신의 무덤을 파는 사람들을 생산한다. 부르주아지의 몰락과 프롤레타리아의 승리는 똑같이 불가피하다. 1장

●●●
부르주아지는 결국 자신을 무너뜨리게 될 프롤레타리아를 생산하는 것이다. 마르크스와 엥겔스는 프롤레타리아가 세계를 변화시킬 것을 요구하면 부르주아지라도 그에 굴복하고 말 것이라고 단언했다.

그러나 우리는 확신에 찬 이 단언이 150여 년이 넘도록 실현되지 않았다는 사실을 알고 있다. 그렇다고 마르크스와 엥겔스의 이론이 결국은 오류였다고 너무 성급하게 결론짓지는 말자. 여전히 미래는 열려 있기 때문이다. 위에서 저자들이 자신 있게 이야기했던 말들은 오래지 않아 그 진위가 판명될 수 있는 일종의 '예언'이 아니다. 그것은 오히려 마르크스와 엥겔스가 노동자들에게 제시하고자 했던 공산주의의 목표였다고 이해해야 한다.

그런데 그 목표란 자동적으로 달성되는 것이 아니다. '운동 movement'이란 말에서 알 수 있듯이 그것은 사람들의 의식적이고 자각적인 노력, 다시 말하면 '정치'에 의해서만 달성될 수 있는 것이다. 마르크스와 엥겔스는 자본주의에서 고통받는 사람이라면 누구나 이러한 정치에 참여할 것을 독려했다. 그리고 두 사람은 이러한 '정치'를 '공산주의'라고 명명했다. 자본주의의 무자비한 착취와 폭력이 곳곳에서 자행되고 있는 오늘날의 현실은 『공산주의 선언』의 현재적 의미가 여전히 충분하다는 것을 보여 준다.

우리는 공산주의자요!:
프롤레타리아와 공산주의자들

마르크스와 엥겔스는 자본주의가 생산력과 생산관계의 모순 때문에 영원히 존재할 수 없다는 결론에 도달했다. 하지만 그들은 여기에 만족하지 않았다. 자본주의를 넘어서는 새로운 공동체를 만들기 위해서는 자본주의의 모순이 마침내 자본주의 전체의 붕괴로 터져 나올 때까지 마냥 기다리고 있을 수만은 없는 일이었다. 마르크스와 엥겔스에게 오히려 더욱 중요한 것은 그러한 모순을 인식하고 그것을 변화시키려는 사람들의 능동적인 노력, 즉 '프롤레타리아의 정치'였다. 마르크스와 엥겔스는 그러한 정치를 '공산주의', 그러한 정치에 적극적으로 참여하고 있는 사람들을 '공산주의자'라고 불렀다. 『공산주의 선언』의 두 번째 장은 바로 이러한 내용을 다룬다.

공산주의란 무엇인가?

우리말로 '공산주의共産主義'는 '공동의 생산을 목표로 하는 이념 및 운동'이라는 뜻이다. 하지만 '공산주의'로 번역된 영어의 '코뮤니즘communism'은 본래 '공동의 생산'이라는 뜻보다는 '공동체를 위한 이념 및 운동'이라는 의미가 더 강하다. '코뮌commune'이라는 말이 '공동체'를 뜻하기 때문이다. 따라서 '공산주의'는 본래의 의미를 정확히 반영한 말은 아니다. '공산주의'는 공동으로 생산을 수행한다는 경제적 의미만을 강조하는 반면, '코뮤니즘'에는 그것을 넘어서는 더 풍부한 뜻이 있는 것이다.

그래서 어떤 사람들은 '공산주의' 대신 원어의 발음대로 '코뮤니즘'이라는 단어를 사용하거나, '코뮌주의' 혹은 '공동체주의'라는 말을 더 선호하기도 한다. 하지만 이 글에서는 널리 통용되고 있는 '공산주의'라는 말을 그대로 사용하기로 하자. 한국에서 '공산주의'란 단어는 지난 100여 년 동안 이미 다른 단어로 쉽게 대체할 수 없을 만큼의 역사적 무게를 쌓아 왔기 때문이다.

어쨌든 '공산주의'란 말에서 드러나는 것처럼 마르크스와 엥겔스는 자본주의에서 자행되는 착취를 없애기 위해서는 새로운 공동체를 구성하는 것이 필요하다고 생각했으며, 이러한 이유로 스스로를 '공산주의자'라고 불렀다.

그런데 공동체란 무엇일까? 봉건주의 사회에서 존재했던 봉건영지도 하나의 공동체 아닌가? 혹은 자본주의 사회에서 형성된 현대적 국가 또한 공동체가 아닌가? 이에 대해 마르크스와 엥겔스는 그러한 공동체들은 '진정한' 의미의 공동체가 아니라 '가상적假想的' 공동체에 불과하다고 비판했다. 왜냐하면 봉건 사회의 공동체는 농노들의 비참한 삶을 대가로 한 것이며, 자본주의 사회의 공동체는 프롤레타리아의 희생을 대가로 한 것이기 때문이다. 인구의 다수를 사실상 배제하면서도 "우리 모두는 공동체의 구성원들이다."라며 거짓으로 선전하고 있는 것이나 마찬가지다. 일부 사람들을 위해 다수의 구성원들에게 일방적인 희생만을 강요한다면 그것은 결코 완전한 의미의 공동체일 수 없다.

마르크스와 엥겔스는 이제까지 존재해 온 모든 공동체에서는 특정 계급이 다른 계급을 배제해 왔다고 단언했다. 이 전에 집필한 『독일 이데올로기』에서 그들은 이미 다음과 같이 말한 바 있었다.

> 이것(자본주의를 넘어서는 것)은 공동체 없이는 가능하지 않다. 〔…〕 오늘날까지 개인이 속해 있던 가상적 공동체는 항상 개인과는 유리된 독립적 존재로서의 속성을 가져왔다. 그리고 그것은 다른 계급에 대한 한 계급의 단결이었으므로 피지배 계급에게는 완전히 환상적인 공동체일 뿐만 아니라 하나의 새로운 구속으로 나타났다. 진정한 공동체에서 각 개인은 그들의 관계 속에서, 그리고 그 관계를 통해 자유를 획득한다.
>
> —『독일 이데올로기』, 『저작 선집 1』

따라서 공산주의는 기존 공동체의 허위성에 대한 비판인 동시에 새로운 공동체를 구성하려는 시도였다. 그런데 이러한 비판을 가한 사람이 마르크스와 엥겔스가 처음은 아니었다.

역사적으로 억압과 착취가 있었던 곳이라면 언제나 그에 대한 저항이 있었고, 불평등한 사회를 변화시키려는 노력 또한 언제나 존재했다. 예를 들어 봉건 사회에서 교회의 억압과 착취에 저항하고 예수의 가르침에 따라 세상을 바꾸려 했던 '천년 왕국 운동' 이나 봉건 귀족의 횡포와 무능력에 저항했던 '프랑스 혁명' 이 바로 그러

●●●
마르크스는 억압과 착취를 끊고 보다 완전한 공동체를 구성하려고 시도했던 끊임없는 운동을 '공산주의' 라고 이름붙였다. 이렇게 보면 프랑스 혁명도 역사 속에 존재했던 일종의 공산주의였던 셈이다. 프랑스 혁명을 소재로 한 들라크루아의 〈민중을 이끄는 자유의 여신〉.

한 역사적 사례라고 할 수 있다. 따라서 '천년 왕국 운동'과 '프랑스 혁명'도 각각의 시대 속에 존재했던 일종의 '공산주의'였던 셈이다. 이처럼 공산주의는 보다 완전한 공동체를 구성하려고 시도했던 끊임없는 운동이다.

소유 비판

마르크스와 엥겔스는 '공동체'라는 허울만을 유지하는 자본주의 사회에 대한 비판을 본격적으로 전개한다. 그런데 자본주의라는 공동체는 어떤 성격을 지니고 있을까? 이미 살펴본 것처럼 부르주아지는 프랑스 혁명과 산업 혁명을 통해 현대적인 자본주의를 탄생시켰다. 특히 그들은 프랑스 혁명을 통해 왕이라는 개인의 통치를 법에 의한 통치로 대체하면서 오늘날과 같은 현대적 국가를 만들어 냈을 뿐만 아니라 '모든' 사람은 '권리'에 있어서 평등하다고 선언했다. 그런데 문제는 이때의 '모든' 사람이란 누구이며, 그들에게 평등하게 부여된 그 '권리'란 무엇인가 하는 것이었다. 이에 대해서는 프랑스 혁명의 이념을 천명했던 '인간과 시민의 권리선언' 17조를 참조할 수 있다.

> 소유는 침해될 수 없는 신성한 권리이고, 합법적으로 확인된 공적인 필요가 있거나 또 정당한 보상이 미리 이루어지지 않는다면 누구도 그것을 박탈할 수 없다.

프랑스 혁명은 소유를 신성 불가침의 권리로 선포했다. 왕이나 귀족같이 아무리 높은 신분의 사람일지라도 평민들의 소유를 마음대로 박탈할 수 없었다. 신분에 관계없이 소유자라면 누구나 자신들의 권리를 보장받게 된 것이다. 그러나 소유에 대한 권리를 보장함으로써 완전한 공동체가 실현될 수 있었을까? 그렇지 않았다. 소유권은 오직 소유자들만의 권리였다. 프랑스 혁명을 '부르주아 혁명'이라고 부르는 것은 이러한 이유에서다. 프랑스 혁명은 부르주아지만의 공동체를 창조해 내었던 것이다. 소유하지 못한 사람들은 부르주아지의 공동체로부터도 여전히 배제되었다. 그리고 배제된 이들은 인구의 다수를 차지하고 있던 '무소유자들', 즉 프롤레타리아였다. 그들은 부르주아지의 소유를 위해 고용될 뿐, 고된 노동에도 불구하고 자신들의 생존을 유지하는 수준을 넘어서는 어떠한 것도 소유하지 못했다.

다른 한편, 부르주아지의 소유는 결코 정당한 것이라고 볼 수 없었다. 자본이란 사실상 다수의 사람들이 공동의 노력을 통해 얻어낸 성과임에도, 자본가들만 그 소유권을 가졌기 때문이다. 반면 생산에 참여한 다수의 노동자들은 자신의 땀으로 만들어 낸 생산의 결과물에 대한 권리로부터 배제되었다.

임금 노동, 프롤레타리아의 노동이 프롤레타리아에게 소유를 창조해 주는가? 전혀 그렇지 않다. 그 노동은 자본을 창조하며, 다시 말

> 하면 임금 노동을 착취하는 소유, 새로운 자본으로 착취하기 위하여 새로운 임금 노동을 산출한다는 조건에서만 증식할 수 있는 소유를 창조한다. 〔…〕 자본은 공동의 생산물이며, 많은 성원들의 공동 활동에 의해서만 〔…〕 가동될 수 있다. 자본은 이와 같이 〔…〕 하나의 사회적 힘인 것이다. (그럼에도) 임금 노동자가 자신의 활동을 통하여 취득하는 것이란, 다시 자신의 헐벗은 삶을 산출하는 데에나 족할 뿐이다. 2장

사람들이 소유자와 무산자로 분리되고 후자는 오직 전자의 소유를 위해 노동해야 하는 상황에서는 결코 온전한 공동체란 존재할 수 없다. 이제 공산주의 운동의 목표는 너무나 명확했다. 그것은 자본주의 사회에서 완전한 공동체가 구성되는 것을 방해하는 근본 원인을 없애는 것이다.

> 공산주의자들은 자신들의 이론을 하나의 표현으로 집약할 수 있으니, 사적 소유의 폐지가 그것이다. 2장

사적 소유의 폐지? 사람들은 이 말 앞에서 모골이 송연해질지도 모르겠다. 사적 소유가 폐지된다면 내가 가지고 있는 책, 컴퓨터, 살고 있는 조그만 집에 대한 소유권까지도 사라지는 것이 아닐까? 사적 소유가 없어지면 '내 것'과 '남의 것'의 구분이 사라지게 되

어, 결국 누구의 것도 아닌 물건이 되어 버리는 것은 아닐까? 이는 상상만 해도 끔찍한 일이 아닐 수 없다. 아무리 공산주의자의 주장이 옳다고 하더라도, 내가 가진 모든 것의 소유권을 포기하라는 말은 정말로 내키지 않는 일이다.

따라서 이제까지 공산주의를 비난해 온 대다수의 사람들은 '사적 소유의 폐지' 주장에 관해 줄곧 비난의 초점을 맞춰 왔다. 만약 모든 물건에 대한 소유권이 사라진다면 혼란만 가중될 뿐이며, 무엇인가를 소유하려는 개인의 자연스러운 욕구를 억압하게 된다는 것이다. 하지만 이러한 비판들은 과연 공산주의의 '사적 소유의 철폐'를 제대로 이해한 것일까? 이를 염두에 둔 듯, 마르크스와 엥겔스는 다음과 같이 말했다.

> 모든 소유관계들은 영속적인 역사적 교체에, 영속적인 역사적 변화에 복속되어 왔다. 예를 들면 프랑스 혁명은 부르주아적 소유를 위해 봉건적 소유를 철폐하였다. 공산주의를 남김없이 설명하는 것은 소유 일반의 철폐가 아니라 부르주아적 소유의 철폐이다. 〔…〕 현대의 부르주아적 사적 소유는 계급 대립에, 즉 일부에 의한 다른 일부의 착취에 의거하는 생산물의 산출 및 취득의 최후이자 가장 완성된 표현이다. 〔…〕 우리는 직접적 생활의 재산출을 위한 노동 생산물들의 일신상의 취득, 즉 타인의 노동에 대한 지배력을 가져다 줄 수 있는 순수익을 조금도 남기지 않는 취득은 결코 철폐하고자 하지 않는

다. 우리는 다만 이러한 취득의 비참한 성격을 폐지하고자 할 뿐인데, 이러한 취득에서는 노동자는 자본을 증식시키기 위해서만 생활하며, 지배 계급의 이해관계가 요구하는 만큼만 생활한다. 2장

비판의 요지는 이렇다. 마르크스와 엥겔스는 소유에는 여러 가지 형태가 있으며, 이 소유 형태는 역사적으로 변화해 왔다고 주장한다. 봉건제 사회의 소유는 고대의 그것과 다르며, 자본주의 사회에서의 소유 또한 봉건제 사회와는 다르다. 각 시기의 소유 형태는 이전 시기의 형태를 철폐하면서 새로운 '소유'를 만들어 낸 것이다. 따라서 문제는 현재 당연시되고 있는 소유 형태가 '어떤' 소유인가 하는 것이다.

오늘날 우리가 소유할 수 있는 것은 매우 다양하다. 음식이나 의복 같은 생활 필수품 외에 책이나 컴퓨터, 핸드폰처럼 생활을 편리하게 해 주는 물품까지도 이에 포함된다. 나아가 집, 토지 혹은 가게나 공장 같은 소유자의 재산을 불릴 수 있는 수단에 대해서도 마찬가지이다. 그런데 문제는 특히 후자와 같이 '재산 증식 수단'을 위한 소유는, 소유자 외에 그것을 소유하지 못한 사람에게까지 영향을 미친다는 것이다.

토지와 주택 같은 부동산에 대한 '투기적' 소유가 그 대표적인 예일 것이다. 사실 집이란 한 가구당 하나면 족하다. 하지만 오늘날 돈 있는 사람들은 집을 단순히 거주하는 용도로 사용하기보다는 돈

을 벌 수 있는 수단으로 활용하는 경우가 많다. 그들이 재산을 불리기 위해 부동산에 투자하면서 집 값이 상승하고, 집 없는 서민들은 해가 다르게 오르는 전세금을 구하느라 고통받게 된다. 대규모의 공장을 소유하는 경우도 이와 유사하다. 소유자는 자신의 공장에서 일하고 있는 노동자들을 필요에 따라 해고하거나 월급을 깎을 수도 있다. 공장 소유자들은 '경영상의 이유로' 이러한 조치를 단행하지만, 월급이 곧 생명줄인 평범한 노동자들에게 해고나 월급 삭감은 생활에 결정적인 재앙이 될 것임에 틀림없다.

이처럼 소유에는 단순히 개인적 삶을 향유하기 위한 것뿐만 아니라, 재산 증식을 위해 다른 사람의 삶을 제한하거나 예속시키는 것도 포함된다. 마르크스와 엥겔스는 후자의 경우를 '사적 소유' 혹은 '부르주아적 소유' 라고 부르면서 비판의 초점을 맞췄던 것이다.

공산주의자들이 '소유의 철폐' 를 말할 때 그것은 모든 '개인적 소유' (입을 옷과 책을 소유하는 것과 같은)를 없애자는 것이 아니라, 역사적으로 최근에야 만들어진 '자본주의적 사적 소유', 혹은 '부르주아적 소유' 의 철폐를 의미하는 것이다. 자본주의적 소유는 개인의 자유로운 삶을 위해 필요한 수준을 넘어서, 타인의 삶까지도 지배하게 만드는 배타적인 권력을 소유자에게 부여한다. 그리고 자본가들은 생산 수단을 배타적으로 소유함으로써 일할 수 있는 육체를 제외하고는 가진 것 없는 노동자들을 착취한다.

> 공산주의는 사회적 생산물들을 취득할 힘을 그 누구로부터도 빼앗지 않으며, 다만 이러한 취득을 통해 타인의 노동을 자신에게 예속시키는 힘을 빼앗을 뿐이다. 2장

당연하게도 부르주아들은 사적 소유의 철폐를 요구하는 공산주의자들의 주장에 기겁을 하면서 반박했다. 마치 사적 소유가 사라지면 이 사회를 떠받치고 있는 기둥이 완전히 무너질 것인 양 말이다. 부르주아들은 사적 소유가 중력의 법칙과도 같은 거스를 수 없는 자연 법칙이므로 노동자들의 비참한 생활은 안타깝지만 어쩔 수 없는 현실이라고 보았다. 또 사적 소유가 사라진다면 어느 누구도 열심히 일하려 하지 않을 것이라고 경고했다. 노력의 대가가 곧 소유이기 때문이라는 것이다. 하지만 마르크스와 엥겔스에게 이러한 주장은 한낱 조롱거리일 뿐이었다.

> 너희들(부르주아지)은 우리가 사적 소유를 폐지하려 한다고 기겁을 하고 있다. 그러나 현존 사회에서는 그 사회 성원의 십분의 구에게 사적 소유가 폐지되어 있으며, 사적 소유는 오로지 이들 십분의 구에게 사적 소유가 존재하지 않기 때문에 존재한다. 따라서 너희들은, 우리가 사회의 압도적 다수의 무소유를 필수 조건으로 전제하는 소유를 폐지하고자 한다고 우리를 비난하고 있는 것이다. 2장

마르크스와 엥겔스는 이러한 부르주아들의 주장이 프롤레타리아를 속이기 위한 고의적인 거짓말이라고 보지는 않았다. 오히려 부르주아지는 사적 소유가 어떤 사회에도 지켜져야 할 원칙이라고 확고하게 '믿고' 있다는 것이다. 그들은 자신들의 믿음에 근거해서 사적 소유를 철폐하라는 공산주의자의 요구에 반박했을 뿐이다.

문제는 그러한 믿음 자체가 부르주아적 생산관계와 소유관계의 산물이라는 사실이다. 다시 말하면 생산관계와 소유관계가 역사적으로 변해 온 것과 마찬가지로 소유의 형태 또한 변화해 왔으며, 앞으로도 변화할 것이라는 사실을 부르주아지는 깨닫지 못하고 있는 것이다. 부르주아들은 현재의 소유 형태만을 옹호하는 데 몰두할 뿐이었다. 마르크스와 엥겔스가 부르주아들에게 다음과 같이 준엄하게 경고했던 것은 그러한 이유에서였다.

> 자유니 교양이니 법이니 하는 따위에 대한 너희들의 부르주아적 관념에 맞추어 부르주아적 소유의 철폐를 가늠하며 우리와 다투지 말라. 너희들의 이념 자체는 부르주아적 생산관계들과 소유관계들의 산물(이다.) 〔…〕 너희들은 너희들의 생산관계들과 소유관계들을 역사적인 관계들, 즉 생산이 경과하며 거쳐 가는 일시적인 관계들로부터 영원한 자연 법칙과 이성 법칙으로 바꾸어 놓는 이해관계에 따른 표상을, 몰락한 모든 지배 계급들과 공유하고 있다. 2장

부르주아들이 자본주의적 사적 소유를 마치 영원 불변의 자연 법칙과 같은 것으로 생각하는 것 또한 역사의 산물이라는 것이다. 부르주아지와 프롤레타리아라는 자본주의적 사회 관계가 영원한 것이 아니라 일시적인 것처럼 사적 소유와 그에 대한 신념 또한 영원하다고 볼 근거는 없다.

그런데 마르크스와 엥겔스는 여기서 좀 더 나아간다. 그들은 현재의 소유관계들에 대한 신념이 부르주아지뿐만 아니라 프롤레타리아까지 확대될 가능성을 우려했다. 노동자들과 빈민들이 자본주의적 소유가 자신들의 비참한 현실을 만들어 내는 원인임을 인식하지 못한 채, 부르주아들보다 사적 소유를 더욱 신성시하고 그 원칙에 충실히 따르게 될지도 모른다는 것이다. 『자본』에서 마르크스는 다음과 같이 썼다.

> 자본주의적 생산이 진보하면, 교육, 전통, 관습에 의해 자본주의적 생산 양식이 필요하다는 것을 자명한 자연 법칙으로 여기게 되는 노동자 계급이 자라난다. 일단 그러한 자본주의 생산 양식의 조직화가 완전히 자리잡으면 모든 저항은 무너져 버릴 것이다.
>
> — 『자본론 I』 28장

마르크스와 엥겔스의 이러한 우려는 150여 년이 지난 오늘날 이미 현실화되고 있는 듯하다. 오늘날 많은 사람들은 더 많은 소유를 원하고 있다. 부자가 되려는 경쟁 속에서 대다수는 낙오하지만, 여전히 많은 사람들이 은행에서 대출을 받으면서까지 아파트에 투자하고 주식에 투자한다. 이러한 소유 욕구가 다른 사람들에게 혹은 사회 전체에 어떠한 영향을 미치는가에 대해서는 전혀 고려하지 않은 채 말이다.

국가 비판

프랑스 혁명을 통해 새롭게 구성된 공동체는 법 앞에 만인이 평등하다는 원리에 토대를 둔 이른바 현대적 국가였다. 그러나 현대 국가는 오직 왕과 귀족 같은 봉건적 계급에 의한 지배를 부르주아지의 지배로 바꾸었을 뿐, 소수만의 공동체라는 점에서는 조금도 변한 게 없었다. 따라서 마르크스와 엥겔스는 다음과 같이 단언한다.

> **현대의 국가 권력은 부르주아 계급 전체의 공동 업무를 관장하는 위원회일 뿐이다.** 2장

이 말은 현대인에게 다소 낯설게 느껴질지도 모르겠다. 왜냐하면 국가는 국민들 사이의 갈등을 중재하는 중립적인 성격을 지닌다고 배워 왔기 때문이다. 국가 혹은 정부라는 중재 기구가 없다면 홉스가 이야기했듯이 '만인에 대한 만인의 투쟁'이라는 대혼란 상태가 벌어지게 된다는 것이다. 그런데 마르크스와 엥겔스의 말대로 국가

●●●
현대의 자본주의 국가는 봉건적 계급에 의한 지배를 부르주아지의 지배로 바꾸었을 뿐, 소수만의 공동체라는 점에서는 조금도 변함이 없었다. 국가는 국민들 사이의 갈등을 중재하는 중립적인 기구가 아니라 부르주아 계급의 공동 업무를 관장하는 위원회일 뿐이다.

권력이 부르주아의 위원회일 뿐이라면, 국가는 부르주아와 프롤레타리아 사이에서 일방적으로 부르주아의 편을 든다는 결론이 나온다.

사실 이 문장은 마르크스 이후 가장 활발한 논쟁거리가 되어 왔다. 어떤 사람들은 국가가 특정 계급의 이해를 대변한다는 주장에 불쾌감을 표현하면서 이를 반박하고자 했고, 또 어떤 사람들은 마르크스의 주장에 전적으로 동의하면서 정부나 법원 같은 국가의 주요 기관을 노동자 계급이 차지함으로써 프롤레타리아 계급의 국가를 세워야 한다고 주장했다. '무정부주의자' 혹은 '반反국가주의자' 라고 불렸던 일군의 사람들은 국가 자체를 파괴해야 할 대상으로 보기도 했다. 3장에서 살펴보겠지만, 마르크스와 엥겔스 사후에 나타났던 마르크스주의의 비극은 바로 국가에 대한 문제와 관련이 깊다.

그렇다면 국가가 일방적으로 부르주아지의 편이라는 주장은 타당한 것일까? 주장의 타당성을 따지기 위해, 먼저 마르크스와 엥겔스가 간단하게 국가가 '부르주아지의 편' 이라고 말하지 않고, '부르주아지의 공동 업무를 관장하는 위원회' 라는 다소 복잡한 표현을 썼다는 사실에 주목해 보자. 이때의 '공동 업무' 란 무엇일까? 개별 부르주아들은 더 많은 이윤을 얻기 위해 서로 경쟁하며 갈등하는 듯 보이지만, 실은 어떤 공동의 '게임 규칙' 을 따르고 있다.

'게임 규칙' 의 단적인 예로 우선 화폐를 들 수 있다. 화폐는 자신의 가치 척도를 보증해 줄 수 있는 누군가를 필요로 한다. 이러한 이유로 자본주의 이전부터 가치 척도의 고정 기준인 화폐의 주조를 둘러싸고 왕, 영주, 상인 들이 갈등을 벌이기도 했으며, 자본주의 초기까지도 하나의 국가에서 다양한 사적 화폐들이 유통되어 혼란이 생기기도 했다. 그러나 자본주의가 발전하면서 화폐의 주조나 발행은 국가가 일임하게 되었다. 이로써 화폐의 유통과 관련된 혼란은 사라지게 되었으며, 자본의 축적도 보다 용이해졌다. 자본주의 사회에서 화폐는 무엇보다도 국가에 의존하게 된 것이다.

예컨대 우리는 1만 원으로 그 가격에 상응하는 물건을 살 수 있다. 1만 원짜리 지폐의 제작비가 수십 원에 불과함에도 1만 원이라는 가치를 가질 수 있는 것은, 국가가 그것을 보증하기 때문이다. 따라서 화폐가 없다면, 그리고 한낱 종이 쪼가리나 금속에 불과한 화폐의 가치를 보증해 주는 국가가 없다면, 부르주아지는 지금과 같은 정도로 수월하게 많은 부를 얻지는 못했을 것이다. 화폐는 단순히 상품을 교환하는 수단일 뿐 아니라 부를 축적하는 수단이기도 하기 때문이다.

다른 한편, 부르주아들은 상품을 생산하기 위해 노동자들을 반드시 고용해야 한다. 동시에 그들은 더 많은 이윤을 확보하기 위해서 노동자들의 임금을 최대한 낮추기를 원한다. 그런데 이 조건은 이미 부르주아들에게 아주 유리하게 조성되어 있다. 왜냐하면 일자리의 수는 정해져 있는 반면 일하려는 사람들은 항상 그보다 많아서, 부르주아들이 마음만 먹는다면 임금을 더 낮출 수도 있기 때문이다. 하지만 임금을 너무 낮춘 나머지 노동자가 그 임금으로는 도저히 살아갈 수 없을 정도에 이르면 어떻게 될까? 아마도 많은 노동자들이 건강을 잃거나 심지어 굶어 죽게 되고, 마침내는 일할 사람이 없어서 공장은 멈추게 될 것이다.

국가는 최소 임금을 법률로 정하고 자본가들이 이를 따르도록 함으로써 그러한 상황을 사전에 예방한다. 그리고 더 적극적으로 빈민 구제에 나서고, 언제라도 일할 수 있는 건강한 사람들의 수를 유지하기 위해 신경쓰기도 한다. 비록 개별 부르주아들의 당장의 이익(임금을 낮춰서 얻을 수 있는 더 많은 이윤)에는 부합하지 않더라도, 전체 부르주아지의 장기적인 이익(일할 수 있는 사람들을 손쉽게 고용할 수 있는 조건)에는 부합하는 이 같은 '공동의 업무'를 위해 국가가 반드시 필요한 것이다.

만약 서로 경쟁하는 자본가들만 존재한다면, 결국엔 소수의 자본가들만 살아남게 될 것임은 자명하다. 하지만 여기에 국가라는 심판관이 개입해 경쟁이 너무 극심해지지 않도록 조절하고, 개별 자본가가 담당할 수 없는 공동의 업무를 맡게 된다면 사태는 달라질 수 있다. 국가는 게임의 규칙을 정하고 그 규칙을 어기면 "반칙!"이라고 선언하면서 다수의 자본가들을 보호하는 것이다. 이때 게임의 규칙이란 당연하게도 사적 소유가 원활하고 무리없이 이루어지도록 하는 규칙이다. 동시에 국가는 자국의 자본가들이 다른 국가의 자본가들과의 경쟁에서 이길 수 있도록 원조했다. 실제로 자본가들 사이의 경쟁이 국가간 갈등으로 전개되기도 했던 것은 그러한 이유에서였다. 따라서 마르크스와 엥겔스는 다음과 같이 말한다.

> 국가는 부르주아들이 그들의 소유 및 그들의 이익을 상호 보장하기 위하여 대외적으로도 대내적으로도 필요로 하게 된 조직 형태 이외에 아무것도 아니다.
>
> —『독일 이데올로기』, 『저작 선집 1』

한편 자본이 국가를 필요로 하는 만큼, 국가 또한 자본을 필요로 한다는 사실 또한 간과할 수 없다. 하나의 정치적 단위로서 국가는 자본주의 사회 이전부터 존재해 왔다. 국가는 생존을 위해, 더 많은 영토를 위해 언제나 다른 국가와 경쟁해야 했고 전쟁을 벌여야 했다. 자본주의 시대에 접어들어서도 이 같은 국가의 기본 성격은 변하지 않았는데, 이제는 영토뿐만 아니라 자본을 위해서도 경쟁해야 한다는 점에서 더 나아갔다. 자본주의 사회에서 더 많은 자본을 소유한다는 것은 더 강한 전쟁 수행 능력을 가진다는 것을 의미하기 때문이다. 따라서 국가는 자국의 자본가들에 의존하지 않을 수 없다.

마르크스와 엥겔스는 국가와 자본의 이러한 상호 의존성을 직시했다. 따라서 기존 공동체에 대한 비판은 두 가지에 초점이 모아졌다. 하나는 자본의 배후에 작동하고 있는 자본주의적 사적 소유였으며, 다른 하나는 그러한 사적 소유를 보호하는 현대적 국가였다. 마르크스와 엥겔스의 공산주의는 사적 소유와 국가를 넘어서서 새로운 공동체를 구성하려는 운동이었던 셈이다.

공산주의는 민주주의다: 새로운 공동체를 향하여

새로운 질문을 던져 보자. '민주주의'란 무엇인가? 민주주의는 민民, 즉 일반 사람들이 주체(主)가 되는 정치라고 정의할 수 있다. 오늘날 우리는 민주주의 사회에 살고 있다는 것에 추호의 의심을 하지 않는다. 하지만 우리 사회는 진정한 의미의 '민주주의' 라고 할 수 있을까? 흔히 민주주의라고 하면, 선거라는 민주적 절차를 통해 선출된 두 개 이상의 정당에 의한 정치를 떠올린다. 그리고 각 정당에 속한 정치인들은 국회에서 일반 국민들의 뜻을 '대변하여' 활동하고 있다고 주장한다. 보통 사람들은 '먹고살기 바쁘기 때문에' 정치는 직업 정치인에게 맡기는 것이 당연하다고 생각한다.

하지만 역설적이게도 이러한 믿음으로 인해 정치에 대한 권리는 '투표할 수 있는 권리' 로 제한되며, 정치인과 비정치인 사이에 뚜렷한 구분이 생겨나게 된다. 더 심각한 것은 많은 정치인들이 '서민을 위한 정치' 라는 말을 실제로는 진지하게 생각하지 않는다는 것이다. 그들은 소속 정당의 이해에 따라 움직이면서도 말로는 '서민을 위한' 것이라고 그럴 듯하게 포장하고, 자신들의 이해를 '서민들의 이해' 로 둔갑시키기까지 한다. 그들에게 가장 중요한 것은 다른 당들과 경쟁하여 더 많은 표를 끌어 모아 정권을 잡는 일이다.

하지만 공산주의라는 새로운 정치는 이러한 모습과는 거리가 멀다. 마르크스와 엥겔스는 '프롤레타리아 운동' 으로서의 공산주의 정치에 대해 다음과 같이 언급했다.

> 이제까지의 모든 운동들은 소수의 운동들이었거나 소수의 이해관계에 따른 운동들이었다. 프롤레타리아 운동은 엄청난 다수의 이해관계에 따른 엄청난 다수의 의식적인 자립적 운동이다. 1장

이는 위에서 언급한 민주주의에 대한 정의와 정확하게 일치한다. 공산주의는 이제까지 존재해 온 모든 정치와는 달리 다수에 의한 자립적 운동이다. 마르크스와 엥겔스는 누구나 정치의 주체이며, 또 그렇게 되어야 한다고 생각했다. 정치에 대한 권리는 다른 누군가에게 위탁될 수 없으며, 정치 그 자체도 의회라는 제도에 한정될 수 없었다. 기존의 정치로부터 배제된 다수의 사람들에 의한 자립적이고 의식적인 운동, 이것이 바로 진정한 민주주의의 모습이었다. 마르크스와 엥겔스는 이러한 의미에서 "노동자 혁명의 첫걸음

●●●
마르크스와 엥겔스는 다수에 의한 자립적이고 의식적인 운동을 '민주주의'라고 보았으며, 누구나 정치의 주체가 되어야 한다고 생각했다. 오늘날 일반인들의 정치에 대한 권리는 투표할 수 있는 권리로 의미가 축소되어 받아들여지고 있다. 근대의 투표 장면.

은 〔…〕 민주주의의 쟁취"(2장)에 있다고 단언했다.

기존 정치에 대한 마르크스와 엥겔스의 비판은 여기서 멈추지 않았다. 그들은 정치와 민주주의의 의미를 더욱 확장하고자 했다. 오늘날의 정치는 국가를 중심으로 이루어진다. 예컨대 한국의 국회의원들은 오직 한국 국민들만 선출할 수 있다. 일본 사람이나 중국 사람은 한국의 국회의원들을 선출하거나 국회에서 돌아가고 있는 일들에 간섭할 수 없다. 반면 『공산주의 선언』의 산파 역할을 한 '공산주의자 동맹'에서 보듯, 공산주의라는 새로운 정치는 처음부터 국가의 경계를 넘어서는 것을 목표로 했다. '공산주의자 동맹'에는 마르크스와 엥겔스 같은 독일인 외에 영국인, 프랑스인, 스위스인 등이 참여하고 있었으며, 그들 모두 자발적으로 정치에 참여한 인물들이었다. 이 공산주의자들에게 국적은 전혀 중요하지 않았다. 오히려 국가에 한정된 정치는 극복되어야 할 대상이었다. 중요한 것은 오직 '새로운 공동체'라는 목표였다.

이처럼 공산주의가 지향하고 있는 새로운 공동체는 국가를 넘어 보통 사람들 모두가 정치의 주체가 되는 '세계 시민'의 사회였다. 공산주의자들은 지구상의 모든 사람들이 세계라는 하나의 공동체 속에서 평등한 구성원이 되는 사회를 꿈꿨던 것이다. 따라서 공산주의는 성격상 본래부터 국제적이었다. 마르크스와 엥겔스가 "노동자에게는 조국이 없다."(2장)라고 한 것은 바로 이러한 의미에서였다.

공산주의자들은 다른 노동자 당들과 대립하는 특수한 당이 결코 아니다. 그들은 프롤레타리아 전체의 이해관계로부터 분리된 이해관계를 결코 갖고 있지 않다. 〔…〕 공산주의자들이 그 밖의 프롤레타리아 당들과 구별되는 것은 오직, 한편으로는 프롤레타리아의 다양한 일국적 투쟁들에서 전체 프롤레타리아의 국적에 상관없는 공동의 이해관계를 내세우고 주장한다는 점, 다른 한편으로는 프롤레타리아와 부르주아지 사이의 투쟁이 경과하는 다양한 발전 단계들에서 항상 전체 운동의 이해관계를 대변한다는 점뿐이다. 2장

그렇다면 민주주의로서 공산주의가 지향하고자 했던 '새로운 공동체'란 무엇이었을까? 마르크스와 엥겔스는 이제까지 존재해 왔던 모든 공동체는 "개인들이 개인으로서가 아니라 계급 구성원들로 구성된 관계"(『독일 이데올로기』)라고 보았다. 반면 공산주의가 목표로 하는 새로운 공동체는 다음과 같은 것이었다.

각자의 자유로운 발전이 모두의 자유로운 발전의 조건이 되는 연합체. 2장

이 짧은 문장 속에는 실로 풍부한 의미가 담겨 있다. 자본주의 사회에서는 특정 계급(부르주아지)의 발전이 다른 계급(프롤레타리아)의 희생을 조건으로 하는 반면, 계급이 사라진 새로운 공동체에서

는 개인의 자유로운 발전이 다른 개인들의 발전과 조화를 이룰 수 있다는 것이다.

오늘날 우리는 '국익' 이라는 말을 자주 듣는다. 많은 사람들은 '국익' 을 위해서라면, 세계 각국의 무한 경쟁 속에서 살아남기 위해서라면, 일부 사람들(이들은 대부분 사회적 약자이거나 소수자이다)의 희생은 불가피하다고 생각한다. 또한 뉴스나 신문에서 종종 접하게 되는 아프리카 최빈국 국민들의 비참한 삶도 안타깝지만 어쩔 수 없다고 생각한다. 그들의 운명은 그들의 손에 달려 있다고 볼 뿐이다. 하지만 150여 년 전의 공산주의자들이 지향했던 '새로운 공동체' 는 바로 이러한 통념들에 도전했다. 그들은 한 개인의 발전은 다른 개인들, 나아가 사회 전체의 발전과 서로 관련되어 있다고 주장했다. 또한 단 한 사람이라도 공동체에서 배제되거나 착취당한다면 전체 사회는 결코 발전할 수 없다고 단언했다.

이를 두고 어떤 사람들은 그러한 공동체는 단지 꿈에 불과하다고 냉소를 보낼지도 모르겠다. 그렇다. "각자의 자유로운 발전이 모두의 자유로운 발전의 조건이 되는 연합체" 는 상상 속에서만 존재할지도 모른다. 그러나 목표가 아무리 먼 곳에 있다 해도, 그곳에 도달하는 것이 아무리 힘들다 해도, 그러한 목표를 지향하는 운동 자체마저도 무의미하다고 말할 수 있을까?

국가라는 '절대 반지'

마르크스와 엥겔스는 새로운 공동체를 구성하기 위한 방법을 제시했다. 하지만 이제까지의 주장과는 다소 모순되는 것이었다. 이전에는 한 번도 존재한 바 없었던 '새로운' 공동체를 구성하는 일이란 그만큼 어려운 문제였다. 그 방법이란 부르주아지의 편에서 그들의 이해를 보호해 왔던 국가를, 착취와 배제를 없애기 위해 프롤레타리아의 수중으로 빼앗아 오는 것이었다.

> 프롤레타리아는 자신의 정치적 지배를 이용하여, 부르주아지에게서 차례차례 모든 자본을 빼앗고, 모든 생산 도구들을 국가의 수중에, 다시 말해 지배 계급으로 조직된 프롤레타리아의 수중에 집중시키며, 가능한 한 급속히 생산력들의 덩치를 키울 것이다. 2장

마르크스와 엥겔스는 구체적인 방안으로 '토지 소유의 몰수, 고율의 누진세, 상속권의 폐지, 국영 공장과 생산 도구들의 증대 및 공동 계획에 따른 토지의 개간' (2장) 등을 제시했다. 이것은 자본가들의 소유권을 국가로 몰수하는 것에 다름 아니었다. 다시 말하면 '국가의 강화'가 새로운 공동체를 구성하기 위한 방법이 되었다. 분명 마르크스와 엥겔스는 국가라는 현대적 공동체는 다수를 배제하므로 완전한 의미의 공동체가 아니라고 비판한 바 있다. 그런데 여기서는 새로운 공동체를 위해서 국가를 강화해야 한다고 서로 상

반된 주장을 하는 것이다.

물론 마르크스와 엥겔스는 어떤 계급이 국가를 장악하느냐에 따라 부르주아 국가와 프롤레타리아 국가로 구분될 수 있다고 보았다. 프롤레타리아가 부르주아로부터 국가 권력을 빼앗아 자신들의 목적을 위해 이용한다면 그러한 국가는 프롤레타리아 국가이며, 프롤레타리아 국가는 자신의 목적을 달성하고 나면 마침내 사라지게 된다는 것이다. 따라서 공산주의자들의 당면 목표는 우선 국가 권력을 장악하는 데 있었다. 새로운 공동체의 구성이라는 궁극적인 목표를 위해서는 어쩔 수 없이 국가의 힘을 빌릴 수밖에 없다는 것이다. 그러나 이러한 생각은 과연 옳은 것이었을까? 사실 그렇지 않았다. 마르크스와 엥겔스는 20여 년 뒤에, 『공산주의 선언』에 썼던 원칙이 오류였음을 시인하게 된다.

여기서 영화 이야기 하나 해 보자. 영화 〈반지의 제왕〉은 절대 반지를 둘러싼 이야기이다. 악의 세력들은 세상을 지배하기 위해 절대 반지를 빼앗으려 하고, 용감한 주인공들은 그들로부터 세상을 구하기 위해 절대 반지를 지키려고 한다. 물론 반지를 화산에 빠뜨려 영원히 없애는 것이 궁극적인 목표지만 말이다.

이 영화에서 가장 흥미로운 부분은 '절대 반지의 힘'이다. 절대 반지를 손가락에 끼는 사람은 막강한 힘을 얻는다. 그래서 '반지 원정대'는 절대 반지가 악의 세력인 샤우론의 손에 들어가는 것을 막기 위해서 그것을 파괴하고자 하는 것이다. 그런데 악에 맞서 싸우는 세력이 오히려 절대 반지의 엄청난 힘을 이용할 수는 없는 것일까? 그럴 수는 없다. 왜냐하면 절대 반지를 가진 사람은 세상을 지배하려는 야심으로부터 결코 벗어날 수 없기 때문이다. 절대 반지에 유일하게 내성을 보이는 주인공 프로도조차 평정심을 잃을 정도니 말이다. 절대 반지의 힘을 이용해 악의 지배를 막으려는 생각은 절대 반지의 본성에 비춰 볼 때 '순진한' 생각이 아닐 수 없다.

'절대 반지'는 바로 국가에 비유될 수 있지 않을까? 아마도 『공산주의 선언』을 쓸 당시의 젊은 마르크스와 엥겔스는 국가의 부르주아적 성격과 그 막강한 힘을 정확히 직시하고 있었음에도, 그것을 프롤레타리아가 장악하기만 한다면 착취와 배제를 없앨 수 있는 수단으로 이용할 수 있다는 모순적인 생각을 했던 것 같다. 기존의 공동체를 넘어서기 위해 바로 그 공동체를 이용할 수 있다는 생각, 다시 말하면 국가를 넘어서기 위해 국가를 이용할 수 있다는 생각 말이다.

이러한 모순된 생각은 마르크스와 엥겔스 사후 사회주의자들에게 큰 영향을 끼쳤다. 수많은 사회주의자들은 혁명을 일으켜 정권을 잡는 데 성공하면서 프롤레타리아 국가를 세계 곳곳에 건설했다. 하지만 그렇게 성립된 국가들은 오래지 않아 곧 변질되고 말았다. 결국 '절대 반지'와 같은 국가의 힘에 굴복하고 만 것이다. 이에 대해서는 3장에서 자세히 살펴보도록 하자.

공산주의자의 '사회주의' 비판 : 사회주의와 공산주의 문헌

오늘날 공산주의와 사회주의라는 용어는 통상 거의 비슷한 뜻으로 사용되곤 한다. 하지만『공산주의 선언』의 시대에도 그랬던 것은 아니다. 당시 자본주의를 비판하는 입장을 지칭할 때 사회주의란 말이 더 보편적으로 사용되었던 반면, 프랑스 혁명에서 연원한 공산주의란 말은 거의 잊혀진 용어였다. 마르크스와 엥겔스가 자신들의 선언문을 '사회주의 선언'이 아닌 '공산주의 선언'이라고 명명했던 것은, 기존의 사회주의로부터 스스로를 차별화시킬 수 있는 정치적 어휘가 필요했기 때문이다. 그들이 보기에 '공산주의'란 어휘는 '사회주의'보다 더욱 혁명적인 정신을 표현하는 데 적합했던 반면, '사회주의'는 완전히 동의할 수 없는 요소들을 포함하고 있었기에 부적합했다.

그렇다면 마르크스와 엥겔스는 '공산주의'라는 거의 새로운 용어를 사용하면서까지 왜 사회주의에 반대하려 했을까? 그리고 그러한 비판을 통해 '공산주의'의 어떤 측면을 강조하려 했던 것일까? 이 질문에 답하기 위해서는 우선 당시에 이미 널리 알려져 있던 비판적 조류들을 살펴볼 필요가 있다.

'좋았던 옛날'로 돌아가자: 봉건적 사회주의

먼저 봉건 귀족의 관점에서 자본주의와 부르주아지를 비판했던 입장이 있었다. 대표적인 예가 프랑스 정통 왕조파 일부의 입장이다. 1789년 혁명으로 탄생한 프랑스 공화국은 다른 왕정 국가들이 프랑스에 대항해서 맺은 '신성 동맹'에 패해서, 결국 1815년 왕정으로 복귀되었다. 다시 돌아온 봉건 세력들은 역사의 시계 바늘을 거꾸로 돌리려 했다. 이들은 혁명의 성과였던 시민들의 투표권을 제한했고 민주적 학교에 대한 감독을 강화했다. 그러나 이미 혁명을 경험한 프랑스 시민들은 이에 굴복하지 않았다. 1830년 7월 파리의 소상점주, 노동자, 학생 들이 봉기해 개혁을 요구했고 마침내 자유주의적인 루이 필리프가 새로운 왕위에 오르게 되었다.

루이 필리프는 정통 왕조파인 부르봉가 출신이 아닌 오를레앙가 출신으로서, 당시 프랑스 시민들에게는 공화주의를 지지하고 부르주아지의 입장을 옹호하는 인물로 알려졌기 때문에 많은 환영을 받았다. 실제로 루이 필리프는 왕위에 오른 뒤, 기존의 봉건적 질서에 반대하면서 자본주의적이고 친부르주아적 개혁을 밀어붙였다. 부르봉 왕조가 대토지 소유자들의 봉건적 질서를 옹호했다면, 오를레앙 왕조는 은행가 같은 자본가들의 이해를 옹호했다. 루이 필리프는 대은행가들을 중심으로 내각을 구성하였고, 자본주의적 질서를 조금씩 완성해 나갔다.

궁지에 몰린 봉건 귀족들은 루이 필리프가 주도하는 자본주의적 개혁을 비판했다. 하지만 이미 세력이 많이 쇠약해진 그들은 자신들의 힘만으로는 부르주아들의 부상을 막을 수가 없었다. 봉건 세력들은 부르주아들을 비난하는 한편, 노동자와 농민들에게 도움을 호소했다. 그들은 봉건제 시절을 '좋았던 옛날'로 윤색하면서, 오직 돈만을 중시하는 천박한 자본주의가 민중들의 생활을 얼마나 피폐하게 만들었는지를 강조했다. 그러나 실상 봉건 세력들의 자본주

봉건 귀족들은 봉건제 시절을 '좋았던 옛날'로 윤색하면서 자본주의를 비판하지만, 그들 또한 농민들을 약탈해 왔다는 사실에서 부르주아지와 다를 바 없었다. 『백과전서』에 그려진 이상적인 봉건 영지의 모습.

의 비판은 자신들의 '좋았던 시절'이 점차 붕괴하고 있다는 위기감의 표현이었다.

마르크스와 엥겔스는 프랑스 정통 왕조파의 입장을 '봉건적 사회주의'라고 이름붙이면서, 이것은 자본주의를 거부한다는 점에서 '사회주의적'이라고 할 수는 있지만 봉건제로의 복귀를 주창한다는 점에서 '봉건주의적'이라고 비판했다.

> 귀족들은 (노동자 계급의) 공감을 불러일으키기 위해, 짐짓 자신들의 이해관계는 안중에 두지 않고 오로지 피착취 노동자 계급의 이해관계를 위해 부르주아지에 반대하는 기소장을 작성하는 체해야만 했다. 〔…〕 봉건파가 자신들의 착취 방식이 부르주아적 착취와는 다른 형태를 갖추고 있었다는 것을 증명할 적에, 그들은 자신들이 전혀 다르고 지금은 낡은 것이 되어 버린 그런 사정과 조건 아래에서 착취했다는 점을 망각하고 있을 뿐이다. 그들이 자신들의 지배 아래에서는 현대 프롤레타리아가 존재하지 않았다는 것을 입증할 적에, 그들은 현대 부르주아지야말로 자신들의 사회 질서의 필연적인 후예였다는 점을 망각하고 있을 뿐이다. 3장

마르크스와 엥겔스가 정확히 지적하고 있듯이, 봉건 귀족들은 자신들의 지위를 보존하기 위해 자본주의를 비판하면서 마치 자신들이 노동자 계급의 편에 있다는 인상을 퍼뜨린다. 하지만 그들은 봉

건 사회에서도 자본주의 못지않게 농민들을 약탈해 왔다는 사실을 숨긴다. 봉건 사회의 농민들이 자본주의 사회의 프롤레타리아로 대체되었을 뿐, 노동하는 사람들의 피와 땀을 착취한다는 점에서 봉건 사회는 자본주의 사회와 전혀 다르지 않았다.

'현실 도피적' 사회주의: 소부르주아 사회주의

자본주의 발전과 함께 사라져 가는 집단은 봉건 귀족만이 아니었다. 부르주아지와 프롤레타리아 사이에서 근근이 살아가고 있지만, 대공업의 발전과 더불어 소멸해 버릴 처지에 있는 집단도 존재했다. 이른바 '소부르주아지'였다. 이들은 소수의 거대 자본에 부가 집중됨으로써 성실하게 살아가는 소시민과 자영농들이 경제적으로 몰락하는 현실을 개탄했다. 대표적인 인물이 시스몽디였다.

스위스인인 시스몽디Jean Charles Leonard Simonde de Sismondi는 1818~1819년에 영국의 공장 지대와 농촌을 방문하여 그곳 농민들과 노동자들의 비참한 생활상을 보게 되었다. 그는 거대한 재화가 소수 사람들에게 집중되는 것이 문제라고 지적하면서, 비록 전체 사회가 생산해 내는 재화의 총량이 적을지라도 그것이 공정하게 분배된다면 보다 많은 행복을 가져다 줄 수 있다고 보았다. 따라서 시스몽디는 공정한 분배를 가로막는 봉건적 대토지 소유자와 자본주의적 거대 자본가를 동시에 비판했다.

그는 오직 '적당한' 재산만을 소유한 사람들, 즉 가족 단위의 농

•••
시스몽디는 거대한 부가 소수에게 집중되는 자본주의의 폐해를 비판하면서, 적당한 재산을 소유한 소부르주아 중심의 사회를 건설해야 한다고 주장했다.

장을 소유한 자영 농민과, 자신의 기술을 가지고 소규모의 상품을 생산해 내는 장인과 도제를 중심으로 하는 사회를 건설할 것을 제안했다. 탐욕적인 자본주의 사회를 소부르주아지(생계를 안정적으로 유지할 정도의 부만을 소유한 계층) 사회, 오늘날 우리에게 익숙한 표현을 쓰자면 '중산층 중심의 사회'로 대체할 필요가 있다는 것이다.

시스몽디의 이 같은 주장은 마르크스와 엥겔스의 눈에는 너무나 불충분해 보였다. '봉건적 사회주의'와 마찬가지로 자본주의를 비판한다는 점에서 시스몽디는 포괄적인 '사회주의자'로 분류될 수 있으나, 프롤레타리아의 입장이 아닌 소부르주아지의 입장이라는 점에서 '소부르주아적 사회주의자'일 따름이었다. 마르크스와 엥겔스는 이런 종류의 사회주의는 '봉건적 사회주의'보다는 경제적 현실을 날카롭게 분석하였지만, 이미 필연적으로 사멸해 가고 있는 소부르주아지의 소유관계를 재건하려고 시도한다는 점에서 공상에 불과하다고 비판했다.

이 사회주의(소부르주아 사회주의)는 현대 생산관계들 속의 모순들을 매우 날카롭게 해부하였다. 이 사회주의는 경제학자들의 위선적인 얼버무림들을 폭로하였다. 〔…〕 그럼에도 불구하고 그 적극적 내용으로 보면, 이 사회주의는 낡은 생산 수단들과 낡은 교류 수단들을 재건하고자 하고 그와 함께 낡은 소유관계들과 낡은 사회를 재건하고자 하거나, 아니면 현대의 생산 수단들과 교류 수단들을 그것들에 의해 산산조각 났고 또 산산조각 날 수밖에 없었던 낡은 소유관계들의 틀 속에 억지로 다시 밀어 넣고자 한다. 두 경우 모두, 소부르주아 사회주의는 반동적인 동시에 유토피아적이다. 3장

자본주의란 자본들 사이의 무한 경쟁과 적자 생존을 의미하기 때문에 소부르주아지의 몰락과 대자본가로의 부의 집중은 필연적일 수밖에 없다. 그럼에도 '소부르주아 사회주의자'들은 사태를 직시하지 못하는 현실 도피적인 주장만을 되풀이할 뿐이었다.

말만 많은 '자칭' 사회주의 : 독일 사회주의 또는 '진정한' 사회주의

마르크스와 엥겔스는 공산주의자로서 특정한 국가의 국민이기보다는 국적을 뛰어넘는 '세계 시민'이 되고자 했다. 그들은 독일에서 진행되는 다양한 정치 운동에 특히 관심을 쏟았는데, 이는 단순히 자신들이 독일인이기 때문만은 아니었다. 그들은 영국의 눈부신

산업 발전과 프랑스의 수준 높은 정치 운동에 비해, 독일은 산업과 정치 모두에서 뒤떨어져 있다고 보았다. 이로 인해 독일의 프롤레타리아는 더욱 강도 높은 착취에 시달리고 있다는 것이다. 따라서 유럽의 혁명이 성공하기 위해서는 독일의 프롤레타리아가 해방되지 않고서는 불가능했다. 마르크스와 엥겔스에게 독일은 유럽의 공산주의 혁명의 성공 여부를 가늠할 수 있는 중요한 요충지였다.

그러나 당시 독일의 사회주의와 공산주의 운동은 이들의 기대와는 달리 유치한 수준에 머물러 있었다. 이러한 맥락에서 『공산주의 선언』은 독일의 사회주의적 조류를 강도 높게 비판했다. 사회주의와 공산주의가 프랑스에서 독일로 전파되면서, 본래의 혁명적이고 실천적인 내용은 모두 사라지고 오직 철학적이고 사변적인 측면만 남게 되었다는 것이 비판의 요지다.

> 독일 문필가들의 한결같은 일은 새로운 프랑스 이념들을 자신들의 낡은 철학적 양심과 조화를 이루게 하거나 아니면 차라리 자신들의 철학적 관점에서 프랑스 이념들을 습득하는 데 있었다. 프랑스의 사회주의-공산주의 문헌은 이리하여 말 그대로 거세되었다. 그리고 이 문헌이 독일인의 수중에서는 다른 계급에 대항하는 한 계급의 투쟁을 표현하지 않게 된 까닭에, 〔…〕 프롤레타리아의 이해관계 대신에 인간 본질, 인간 일반의 이해관계를 대변했다고, 그 인간이란 어떤 계급에도 속하지 않는, 도대체 현실에는 속하지 않는, 오로지 철학

적 환상의 안개 낀 하늘에만 속하는 인간이다. 3장

●●●
'진정한 사회주의자'를 자처하던 브루노 바우어 등은 변화를 위한 실질적인 실천보다는 책상 앞의 논쟁만을 일삼았다.

사실 마르크스와 엥겔스가 염두에 두고 있었던 비판의 표적은, 청년 헤겔파 출신이며 과거에는 마르크스의 가까운 친구이기도 했던 브루노 바우어Bruno Bauer와 모제스 헤스Moses Hess 같은 독일 사회주의자였다. 이들은 스스로를 '진정한 사회주의자'라고 부르면서 자본주의에 대해 나름대로 비판을 가하였다. 그런데 '진정한 사회주의'는 물질보다는 정신을, 실천보다는 철학을 중시했다.

예컨대 브루노 바우어는 정신을 역사의 원동력으로 간주했으며, 사회의 변화를 위해서는 철학적인 논쟁이 가장 중요하다고 생각했다. 바우어는 인간들의 무한한 이기심이 자본주의의 타락을 가져왔다고 비판하면서, 자본주의를 극복하기 위해서는 이기심 때문에 가려져 있는 형제애를 복원해야 한다고 강조했다. 이 '진정한 사회주의자들'의 눈에는 하루하루를 힘겹게 살아가는 프롤레타리아의 구체적인 현실이 보이지 않았다. 대신 그들에게는 자본가든 프롤레타리아든 인간의 본질 중 반쪽만을 가진 불완전한 인간만이 존재할 따름이었다. 바우어는 한편으로 종교에 대한 비판에도 주력했는데, 종교가 세속적 권력의 편에 서서 인간들의 타락을 지속시키기 때문이었다.

이처럼 실질적으로 사회를 변화시키려는 노력은 하지 않고, 책상 앞에서 추상적인 비판만을 즐기고 있는 '진정한 사회주의자' 들을 마르크스와 엥겔스는 그냥 지나칠 수 없었다. '진정한 사회주의자' 들은 스스로 사회주의자라고 자처하지만, 마르크스와 엥겔스의 눈에는 단지 말만 많은 책상물림 정도로밖에는 보이지 않았다. 더군다나 아직 자본주의가 충분히 발전하지 않은 독일에서 미숙한 상태에 있는 부르주아지를 비판하는 것은 여전히 지배자로 군림하고 있는 봉건 세력의 편에 서는 것과 다를 바 없었다. 따라서 마르크스와 엥겔스는 다음과 같이 정확히 지적한다.

> 독일 사회주의가 때 맞추어 망각했던 것은 프랑스의 비판이 그에 걸맞는 물질적 생활 조건들과 적합한 정치적 구조를 갖춘 현대 부르주아 사회를 전제하고 있었다는 것인데, 그런 것은 독일에서는 이제야 그 쟁취가 문제로 되고 있는 전제들일 뿐이었다. 독일 사회주의는 성직자, 교원, 시골 융커(독일의 대토지 소유자들), 관료 따위의 무리를 거느리고 있던 독일의 절대주의 정부들에게 위협적으로 등장하고 있던 부르주아지에 대항하는, 바라마지 않던 허수아비로 봉사하

였다. 3장

독일의 '진정한 사회주의'는 가장 선진적이었던 프랑스 사회주의의 '정신'만을 수입했다. 하지만 사회주의는 그 자체가 자본주의의 완전한 물질적 발전을 전제하는 역사적 산물이다. 다시 말하면, 사회주의의 자본주의에 대한 비판은 자본주의가 어느 정도 발전했을 때에야 비로소 의미가 있다는 것이다. 그러나 '진정한 사회주의자'들은 선진국 프랑스의 발전된 물질적 생활 조건들까지 함께 수입할 수는 없었다. 그 결과 독일 사회주의는 공허한 사변적 문구로 전락해 버렸다. 따라서 마르크스와 엥겔스는 독일에서 '진정한 사회주의'가 확산되는 것을 개탄했고, 이를 강도 높게 비난했다.

> 사변의 거미줄로 짜고 아름답기 그지없는 말의 꽃들로 수를 놓아 끈적끈적한 사랑 타령처럼 감상의 이슬이 배인 복장, 독일 사회주의자들이 자신들의 몇 안 되는 앙상한 "영원한 진리들"을 감싸고 있는 이 터무니없는 복장은 군중들 사이에서 독일 사회주의자들의 상품의 매상을 늘렸을 뿐이다. 〔…〕 독일에서 통칭 사회주의와 공산주의 저술이라 하여 나돌고 있는 것들은 모두 이 지저분하며 기氣를 빼앗는 문헌의 영역에 속한다. 3장

보수적 사회주의 또는 부르주아 사회주의

마르크스와 엥겔스는 '봉건적 사회주의', '소부르주아 사회주의', '진정한 사회주의'를 한데 묶어 '반동적 사회주의'라고 이름 붙인다. 이들은 자본주의를 저마다의 관점에서 비판하면서도, 자본주의를 넘어서기보다는 자본주의 이전의 시절로 돌아갈 것을 주장하거나 이를 돕는다는 점에서 모두 반동적이라고 할 수 있다.

그런데 다른 한편, 자본주의의 관점에서 자본주의를 비판하는 입장도 존재했다. 이러한 입장은 현실의 여러 병폐들이 자본주의 자체의 문제라기보다는 자본주의가 제대로 작동하지 못해서 생기는 일시적인 문제들이라고 보았다. 이 입장에 선 사람들은 프롤레타리아의 비참한 생활을 개선하려고 한다는 점에서 사회주의적이었지만, 부르주아 사회의 존립을 위해 사회적 폐해를 부분적으로 개선하려 한다는 의미에서만 그러할 뿐이었다.

마르크스와 엥겔스는 이 입장을 '부르주아 사회주의'라고 조소하듯 불렀다. 부르주아 사회주의자, 또는 사회주의적 부르주아들은 박애적인 입장에서 프롤레타리아의 생활을 개선하려 했지만 그들은 여전히 부르주아일 뿐이었다. 여기에는 "경제학자, 박애주의자, 인도주의자, 노동 계급 처지 개선가, 자선 사업가, 동물 학대 철폐 운동가, 금주 협회 발기인, 잡다하기 그지없는 하찮은 개량가"(3장)들이 포함된다. 마르크스는 사회주의적 부르주아지의 관점을 체계적으로 이론화한 인물로 프루동을 지목했다.

프루동Pierre Joseph Proudhon은 마르크스가 『공산주의 선언』을 쓰던 당시 가장 명성 있는 사회주의자였다. 그는 인쇄 교정 노동자 출신으로서 체계적인 교육을 받지는 못했지만, 다방면의 책을 읽을 수 있었기 때문에 신선한 지식을 독학으로 쌓았다. 그리고 박식함을 바탕으로 참신한 주장을 개진함으로써 다른 노동자들의 지지를 얻을 수 있었다. 프루동은 지식인 출신의 사회주의자나 급진주의자들을 못마땅하게 생각했다. 그들은 노동자의 생생한 경험을 알지 못하기 때문에 주장 또한 공허하다는 것이었다. 프루동은 책상머리 앞에만 앉아 있는 지식인들의 '고고한' 주장 대신 보다 구체적이고 현실성 있는 대안을 제시하고자 했다.

•••
프루동은 자본주의의 핵심 모순을 그대로 둔 채, 화폐 개혁이나 노동자를 위한 신용 은행 건립 같은 경제 개혁에만 관심을 두었다. 마르크스는 프루동의 입장을 '부르주아 사회주의'라고 비판했다.

그는 자본주의 사회의 불평등을 제거하기 위해서는 사람들 사이의 소득 격차를 줄여야 한다는 기존 사회주의자들의 입장에 반대하면서, 모든 사람들은 자신이 일한 만큼 보상을 받아야 한다고 강하게 주장했다. 따라서 프루동에게 소득의 차이는 자연스러운 것이었다.

또한 프루동은 노동자들의 경제적 곤란은 화폐 제도에서 비롯된다고 생각했다. 분배의 평등보다는 교환에서의 공정성이 보다 중요하므로 화폐 제도의 개혁을 통해 자본주의의 해악을 제거할 수 있다는 것이다. 구체적인 방안으로서 그는 노동 시간이 표시된 '노동 시간 전표'를 화폐 대신에 사용할 것을 제안했다. 금과 은 같은 화폐는 다른 상품에 대해 특권적인 위치에 있기 때문에, 그것을 가진 사람은 다른 사람들에 대해 권력을 휘두르게 된다는 것이다. 만약 노동 시간 전표로 대체된다면 화폐가 가지고 있던 기존의 특권도 사라지게 되며, 모든 상품은 생산하는 데 걸린 시간에 따라 보다 공평하게 교환될 것이다. 그리고 사람들은 자신이 노동한 시간만큼의 노동 시간 전표를 받고, 또 정확히 그만큼의 물건을 구입할 수 있게 될 것이다.

프루동은 화폐 제도의 개혁과 함께 상호 신용 은행을 만들 것을 제안하기도 했다. 그는 자본가와 노동자의 갈등은 전자가 자본을 독점하는 데서 비롯된다고 생각했다. 따라서 신용 은행이 설립되면, 자본이 부족한 노동자들이 더 이상 자신의 노동을 자본가에 판매할 필요 없이 대출을 통해 자금을 조달함으로써 독립적인 생산 활동을 지속할 수 있다고 보았다.

1840년대 중반에 프루동을 처음 만났을 때, 마르크스는 그에게 높은 존경을 표했었다. 하지만 프루동의 이론을 면밀히 검토해 본

결과, 마르크스는 더 이상 묵과할 수 없는 허점을 발견하게 되었다. 프루동은 당시 유럽에서 가장 영향력 있는 사회주의자였기에, 이러한 한계를 공개적으로 지적하는 것은 더욱 중요한 일이었다. 프루동에 대한 마르크스의 비판은 프루동의 『빈곤의 철학』에 대한 본격적인 비판서인 『철학의 빈곤』(1947)으로부터 시작되어, 『공산주의 선언』을 거쳐 이후 몇 편의 글에서도 반복되어 나타난다.

마르크스에 따르면 사회의 근본적인 변혁을 공허한 것으로 치부하면서 구체적이고 점진적인 변화를 옹호하는 프루동의 주장은, 자본주의의 핵심 모순을 그대로 둔 채 주변적인 문제만을 개선하려는 시도에 불과했다. 더군다나 그가 구체적 방법으로 제안하는 화폐 개혁의 경우, 사회 전반의 혁명을 달성하지 않고서는 실현이 불가능하다는 점에서 프루동의 주장은 모순적이었다. 뿐만 아니라 어떠한 정치 활동도 거부하는 프루동의 입장을 마르크스는 결코 받아들일 수 없었다. 마르크스는 자본주의의 해악을 제거하기 위해서는 단순한 경제 개혁만이 아니라 사회의 근본적 혁명이 필요하다고 강조했다.

> 덜 체계적이면서 한층 더 실천적일 뿐인 이러한 사회주의는 이러저러한 정치적 변화가 아니라 오직 물질적 생활 상태, 경제적 상태의 변화만이 노동자 계급에게 이롭다고 함으로써 노동자 계급이 모든 혁명 운동을 싫어하게 하려고 애썼다. 〔…〕 물질적 생활 상태의 변

화라고 이 사회주의가 이해하는 것은 혁명적 길로만 가능한 부르주아적 생산관계들의 철폐가 아니라, 〔…〕 자본과 임금 노동의 관계는 조금도 변화시키지 않고 잘해야 부르주아지에게 지배 비용을 감소시키고 그들의 국가 살림을 단순화시키는 행정상의 개선일 뿐이다.

3장

노동자들의 투쟁은 단순히 임금 인상이나 노동 조건 개선 같은 경제적인 문제에만 한정되어서는 안 되며, 전쟁 반대, 정치 참여, 궁극적으로는 국가의 변혁과 같은 정치적 문제로까지 확장되어야 한다는 것이 마르크스의 일관된 주장이었다. 이러한 주장은 150여 년이 지난 오늘날에도 되새겨 볼 가치가 있다.

비판적-유토피아적 사회주의와 공산주의

반동적 사회주의가 과거로 회귀함으로써, 그리고 부르주아 사회주의가 현재에 안주함으로써 자본주의의 폐해로부터 벗어나려 했다면, 과거와 현재 모두와 단절하고 완전히 새로운 세계를 건설함으로써 자본주의를 극복하려는 시도들도 존재했다. 마르크스와 엥겔스는 이러한 시도들에 대해 '비판적-유토피아적' 이라는 단서를 붙이는 동시에 '공산주의' 라는 칭호도 함께 사용하면서, 다른 사회주의 조류와 비교해 볼 때 상대적으로 긍정적인 측면이 있다는 사실을 인정했다.

이 사회주의와 공산주의 저술들은 비판적 요소들로 이루어져 있기도 하다. 그 저술들은 현존 사회의 모든 기초들을 공격한다. 따라서 그 저술들은 노동자들의 계몽에 아주 가치 있는 자료들을 제공해 왔다. 3장

마르크스와 엥겔스는 '비판적-유토피아적 공산주의'의 대표적인 사상가로 오언Robert Owen을 언급했다. 그는 영국인으로서 산업 혁명의 성과를 목격하면서 기술이 가져다 줄 수 있는 인류의 진보에 희망을 걸었다. 그러나 다른 한편 산업 혁명이 가져온 비인간적인 결과에 대해서도 정확히 인식했다. 따라서 그는 기술 진보의 성과를 계승하면서도 부정적 효과를 최소화할 수 있는 방법을 찾고자 했다. 오언은 보다 인간적인 공장을 만들기 위해 프랑스 혁명 시기에 최초로 제기되었던 '노동권', 즉 노동의 권리라는 원칙을 받아들였다. 그리고 신세계인 미국으로 건너가 노동자가 주인이 되는 인간적인 공동체를 직접 만들고자 했다. 1824년 미국에 도착한 오언은 인디애나 주에 있는 공동 촌락을 구입하여 '뉴 하모니'라는 공동체를 건설했고, 사회 조직의 재구성과 새로운 도덕 교육을 통해 자본주의와는 다른 사회를 창조하고자 시도했다.

'유토피아utopia'라는 말은 가장 이상적인 사회라는 뜻과 함께 어느 곳에도 존재하지 않는 가상의 장소를 뜻한다. 다시 말하면 '그럴 듯하기는 하지만 실현 가능성이 희박한' 사회라는 것이다. 마르

크스와 엥겔스는 오언의 시도를 '유토피아적 공산주의'로 규정하면서 그 공상적인 성격을 비판했다.

> 이러한 체계의 발명가들은 계급들의 대립과 지배적 사회 자체 안의 해체적 요소들의 작용을 보기는 한다. 그러나 그들은 프롤레타리아 쪽에서 아무런 역사적 자기 활동도, 그들에게 고유한 정치 운동도 알아보지 못한다. 〔…〕 그들은 자신들의 계획에서는 가장 고통받는 계급으로서의 노동 계급의 이해관계를 주로 대변하고 있음을 의식하기는 한다. (다만) 프롤레타리아는 가장 고통받는 계급이라는 견지에서만 그들에게 존재할 뿐이다. 3장

'비판적-유토피아적 사회주의와 공산주의'는 비록 자본주의의 폐해를 인식했음에도, 프롤레타리아를 자발적인 정치적 주체로 간주하기보다는 도움을 주거나 구제해야 할 대상으로 바라볼 뿐이었다. 반면 마르크스와 엥겔스는, 자본주의의 폐해를 몸소 경험하는 노동자들이 자신들의 현실을 인식하면서 자발적이고 주체적으로 저항하는 과정이 공산주의임을 강조했다. 따라서 이 과정이 계급투쟁의 형태를 띨 수밖에 없음은 자명했다. 하지만 오언은 계급투쟁 없이 새로운 공동체를 건설할 수 있다고 믿었다는 점에서, 공상적이고 '유토피아적'이었다. 이러한 경향으로 인해 오언의 이론은 프롤레타리아를 수동적 존재로 파악하는 것으로 귀결되고 말았다.

실제로 그는 미국에 새로운 공동체를 건설하는 과정에서 노동자들의 자발적 의지보다는 몇몇 양심적 부유층들의 기부금에 의존했다. 또한 '양심적인' 부르주아들의 참여가 이상적인 공동체의 성공에 중요한 역할을 할 것이라고 믿었다. 계급투쟁이 부르주아지와 프롤레타리아의 협력으로 사라질 수 있다고 보았던 것이다. 하지만 이러한 기획은 마르크스와 엥겔스가 보기에 결코 실현 가능하지 않았다.

부르주아지와 프롤레타리아 사이의 계급투쟁이 전자의 탐욕과 부도덕성 때문에 발생하는 것은 아니다. 우리는 양심적인 부르주아들의 예를 얼마든지 찾아볼 수 있다. 불우한 이웃을 위해 거금을 쾌척하는 기업인들이나, 학교나 병원을 지어 지역 사회에 기증하는 부자들의 이야기를 심심치 않게 접할 수 있다. 그럼에도 계급투쟁은 '양심적' 부르주아들을 포함하여 모든 부르주아지와 프롤레타리아 사이에서 진행되고 있다. 왜냐하면 그것은 자본주의 사회의 객관적 법칙이기 때문에, 그 속에서 살고 있는 사람들의 도덕성이나 양심과는 별반 관련이 없다. 비유하자면, 중력의 법칙이라는 객관적인 자연 법칙이 중력의 법칙을 믿지 않는 사람에게도 예외 없이 적용되는 것과 같은 이치다.

마르크스와 엥겔스가 '비판적-유토피아적 공산주의'의 일면을 높이 평가하면서도 그것을 비판했던 이유는, 계급투쟁의 객관적 성격을 파악하는 데 실패했기 때문이다. 마르크스와 엥겔스는 계급투

•••
오언은 노동자가 주인이 되는 인간적인 공동체를 만들려고 시도했으며, 계급투쟁 없이도 새로운 공동체를 건설할 수 있다고 믿었다. 그러나 계급투쟁의 객관적 성격을 제대로 파악하지 못했다는 점에서 오언의 이론은 공상적이고 유토피아적이었다.

쟁은 자본주의 자체를 전복함으로써만 비로소 소멸될 수 있다고 주장하면서 '비판적-유토피아적 공산주의'에 대해 다음과 같이 결론짓는다.

비판적-유토피아적 사회주의와 공산주의의 의의는 역사 발전에 반비례한다. 계급투쟁이 발전하며 꼴을 갖추어 가는 것과 같은 정도로 계급투쟁과의 이와 같은 환상적 분리, 계급투쟁과의 이와 같은 환상적 전투는 모든 실천적 가치, 모든 이론적 정당성을 상실하게 된다. 〔…〕 그들은 프롤레타리아의 계속적인 역사적 발전을 마주하여 〔…〕 일관되게 계급투쟁을 다시 무디게 하고 대립을 중재하려 애쓴다. 그들은 여전히 자신들의 사회적 유토피아의 실험적 실현 〔…〕 등을 꿈꾸고 있으며, 이 공중 누각들을 세우기 위하여 부르주아의 가슴과 돈 주머니의 박애에 호소하지 않을 수 없다. 3장

현실적인 운동으로서의 '공산주의'

지금까지 살펴보았듯이 현실을 비판하는 데에는 몇 가지 방법이

있다. 우선 현재보다 과거가 더 좋았다고 보면서 그 '좋았던 시절'로 돌아가자고 주장하는 방식이다. 이러한 입장은 과거를 문제가 전혀 없는 평화롭고 행복했던 시기로 윤색한다. 과거가 실제로 그렇게 좋기만 했는지의 문제와는 별개로 말이다. 그런데 현실에 대한 이러한 비판은 최근 한국에서 힘을 얻고 있다. 최근의 심각한 경제난과 정부의 무능력을 비판하면서 어떤 사람들은 '박정희 정권'이나 '전두환 정권' 시절이 지금보다 더 살기 좋았다고 주장한다. 적어도 그 시절에는 경제가 좋았다거나 물가가 낮아서 살기 편했다고 말한다. 당시 군부 독재 정권이 민주주의를 위해 싸웠던 수많은 사람들의 목숨을 앗아갔다는 사실에는 애써 눈을 감은 채 말이다.

또 다른 비판의 방식은 사회가 도달해야 할 어떤 미래의 상태를 정해 놓고 그 틀에 맞춰 현실을 비판하는 것이다. 그러한 비판가들은 미래에는 사람들에게 고통을 주는 모든 문제들이 해결된 사회가 도래할 것임을 강조한다. 하지만 대개의 경우, 그들은 그러한 사회를 만들 구체적인 방법에 대해서는 침묵하고 만다. 그들이 제시하는 미래의 모습은 단순히 아름답게 채색된 유토피아일 뿐이다. 어떤 사람들은 마르크스와 엥겔스가 평생을 바쳐 구현하려 했던 '공산주의'가 바로 이러한 유토피아일 뿐이라며 '공상적'이라고 비판한다. 하지만 이러한 비판은 마르크스와 엥겔스의 주장을 심각하게 오해한 결과다. 마르크스와 엥겔스는 공산주의가 단지 자본주의 이후에 도래할 단순한 미래의 모습일 뿐이라고 생각한 적이 결코 없었다.

마르크스와 엥겔스는 기존의 사회주의와 공산주의 조류들이 바로 이러한 두 가지의 입장에 갇혀 있다고 비판했다. 자본주의를 비판한다는 점에서는 동일하지만 그 비판의 근거를 과거에서 찾는 반동적인 입장을 취하거나, 미래에서 찾는 공상적인 입장을 취한다는 것이다. 그렇다면 마르크스와 엥겔스가 제시하고자 했던 '새로운' 공산주의는 무엇이었을까? 이에 대한 언급은 그들이 『공산주의 선언』을 발표하기 몇 년 전에 썼던 『독일 이데올로기』에서 발견된다.

> 우리에게 있어서 공산주의란 조성되어야 할 하나의 상태, 혹은 현실이 따라야 할 하나의 이상이 아니다. 우리는 오늘날의 상태를 지양하는 현실적인 운동을 공산주의라 일컫는다.
>
> —『독일 이데올로기』, 『저작 선집 1』

여기서 말하는 '운동'이란 사람들의 의식적이고 자발적이며 집단적인 실천을 의미한다. 따라서 마르크스와 엥겔스가 의도했던 대로 공산주의가 "현재의 상태를 지양하는 현실의 운동"이라면, 그것은 바로 자본주의를 변화시키려는 사람들의 집단적인 실천 그 자체가 공산주의임을 의미한다. 이렇게 본다면 마르크스와 엥겔스의 공산주의는 단지 자본주의 붕괴 이후 미래에 도래할 '이상적인' 상태의 사회가 아니다. 자본주의라는 현실이 만들어 내는 온갖 착취와 배제에 저항하고, 그것들이 작동하는 현실의 공동체를 변화시키는 운동 속에 공산주의는 존재한다. 따라서 마르크스와 엥겔스의 공산주의는 공상적이거나 유토피아적인 것과는 거리가 멀며, 보다 구체적이고 현실적이라고 할 수 있다.

공산주의를 이렇게 정의함으로써 『공산주의 선언』의 저자들이 의도했던 바는 무엇이었을까? 억압과 고통을 경험하는 사람들은 그러한 현실로부터 벗어난 '낙원'을 꿈꾸곤 한다. 그리고 낙원은 가까운 미래에 도래할 것이라고 믿으면서 현재를 근근이 버텨내기도 한다. 그러나 이러한 의미의 낙원이란 오직 현재의 고통을 잊기 위한 일시적인 방편에 불과하다. 현실은 믿음만으로는 절대로 변하지 않기 때문이다. 마르크스와 엥겔스는 공산주의가 단지 자본주의 사회에서 고통받는 프롤레타리아의 미래의 '낙원'이 되는 것을 경계했다. 오히려 고통의 근원인 현실의 공동체에 대해서 '바로 지금' 저항하라고 말했다.

오늘날 『공산주의 선언』이 의미를 갖는 이유는 바로 이것이다. 『공산주의 선언』을 '고전'이라는 이름에 가둘 수 없는 이유 또한 바로 이것이다. 오늘날 우리가 살아가고 있는 공동체가 마르크스가 살았던 공동체로부터 완전히 벗어난 이상적인 공동체라고 자신 있게 말할 수 있는 사람은 과연 몇이나 될까? 그 외양은 많이 변했다고 하더라도 오늘날 우리는 여전히 착취와 배제가 자행되는 '자본주의' 속에서 살아가고 있음은 명백하다. 따라서 자본주의를 넘어서는 새로운 공동체를 향한 인류의 실천은 계속되어야 한다. 마르크스와 엥겔스가 그렸던 공산주의는 결코 끝나지 않았다.

> 공산주의자들은 어디서나 현존 사회 상태와 정치 상태를 반대하는 모든 혁명 운동을 지지한다. 〔…〕 공산주의자들은 자신들의 견해와 의도를 숨기는 것을 경멸한다. 공산주의자들은 자신들의 목적이 이제까지의 모든 사회 질서의 폭력적 전복에 의해 달성될 수 있을 뿐임을 공공연하게 선포한다. 지배 계급들로 하여금 공산주의 혁명 앞에서 전율케 하라. 프롤레타리아들에게는 족쇄 말고는 공산주의 혁명에서 잃을 것이 아무것도 없다. 그들에게는 얻어야 할 세계가 있다. 만국의 프롤레타리아여, 단결하라! 4장

이 도발적 문구를 통해 마르크스와 엥겔스는 새로운 공동체로 나아가는 것을 두려워하지 말라고 말한다. 그리고 만국의 프롤레타리아에게 현실의 모든 사회 질서를 전복하고 공산주의란 이름 앞에 단호히 단결할 것을 요청한다.

『공산주의 선언』의 강렬함은 이러한 요청이 오늘날에도 생생하게 전달된다는 사실에서 비롯되는 것이 아닐까? 이러한 이유로 『공산주의 선언』은 한편에서는 최근까지도 '위험한' 혹은 '불온한' 금서 취급을 받아 온 반면, 다른 한편에서는 새로운 세상을 꿈꾸는 사람들에게 희망을 제공해 왔다. 『공산주의 선언』에서 희망을 발견하

는 사람들에게 "부르주아지의 몰락과 프롤레타리아의 승리"가 불가피하다는 마르크스와 엥겔스의 단언이 아직 실현되지 않았다는 사실은 전혀 중요하지 않다. 그것은 새로운 공동체를 위한 운동이 존재하는 한, 아직 열려진 미래이기 때문이다.

하지만 『공산주의 선언』 이후 오늘날까지 공산주의 운동이 새로운 공동체를 구성하지 못했다는 사실은 인정하지 않을 수 없다. 1848년 새로운 공산주의를 세상에 선포했던 『공산주의 선언』의 외침은 20세기 전반을 휩쓴 역사적 비극 앞에서 결국 사그러들고 말았던 것이다. 그러나 이러한 경험이 공산주의의 완전한 실패를 의미하는 것은 아님을 명심해야 한다. 이제 『공산주의 선언』 이후의 역사로 시선을 돌려 보도록 하자.

돋보기 2

사회주의와 공산주의

마르크스와 엥겔스가 자신들의 사상과 운동을 당시에 보편적으로 쓰였던 '사회주의'가 아닌, '공산주의'라는 용어로 표현했던 것은 기존 사회주의 운동에 대한 불만 때문이었다. 그들이 보기에 '사회주의'는 노동자 계급의 운동이라기보다는 중간 계급의 운동이었다. 따라서 마르크스와 엥겔스는 스스로를 '공산주의자'라고 부르는 데 주저함이 없었다. 그런데 19세기 후반이 되면서 공산주의와 사회주의는 거의 동의어로 사용되었다. 이에 대해 마르크스와 엥겔스는 완전히 동의한 것은 아니었지만, 검열을 피하기 쉽다는 '현실적인 이유'로 크게 이의를 제기하지 않았다.

그러나 1917년 러시아 혁명과 함께 상황은 변했다. 공산주의라는 용어는, 자본주의의 폭력적 전복을 목표로 한 혁명적 행위라는 매우 분명한 의미를 갖게 되었다. 레닌을 비롯한 러시아 혁명가들은 서유럽 사회주의 정당들의 배신(전쟁 참여)을 비난하면서 스스로에 대해 '사회주의자'와 구별되는 '공산주의자'라는 명칭을 사용했던 것이다.

특히 레닌은 사회주의와 공산주의의 관계를 보다 체계화했다. 그는 1917년에 집필한 『국가와 혁명』에서 사회주의는 공산주의로 가는 '낮은 단계'일 뿐이며, 공산주의야말로 자본주의를 넘어서는 가장 완성된 단계라고 주장했다. 그에 따르면, 사회주의 사회에서는 생산 수단을 공동으로 소유하지만 '노동한 만큼 분배된다'는 의미에서 어느 정도의 불평등이 존재하며, 부르주아지에 대한 프롤레타리아의 투쟁을 지원하기 위해 국가도 여전히 존재한다. 반면 공산주의 사회에서는 육체노동과 정신노동의 차별이 사라지고, '필요에 따른 분배'가 실현되며, 자신의

'임무' 를 다한 국가도 소멸하게 된다.

사회주의와 공산주의에 대한 이 같은 정의는, 동구 사회주의 국가들에서 정설로 받아들여졌다. 하지만 이는 공산주의를 미래의 특정한 상태로 이해하는 결과를 낳았다. 공산주의는 현재에 관한 것이 아니라 미래에 관한 것으로 의미가 바뀌어 버린 것이다. '새로운 공동체를 향한 끝없는 운동' 이라는 공산주의의 의미는 이렇게 축소되고 말았다.

3장
공산주의는 계속된다

『공산주의 선언』 이후의 마르크스와 엥겔스

혁명의 실패

1848년 초, 프랑스의 유명한 정치학자이자 정치인이었던 토크빌 Alexis de Tocqueville은 국민의회에서 이렇게 소리 높여 외쳤다.

> 우리는 지금 화산 위에서 잠자고 있습니다. (…) 땅이 다시 흔들리고 있는 것이 보이지 않습니까? 혁명의 바람이 불고 있으며, 폭풍우는 지금 지평선 저 위까지 다가왔습니다.

토크빌의 경고로부터, 그리고 마르크스와 엥겔스가 『공산주의 선언』을 출판한 시점으로부터 불과 며칠 지나지 않아 혁명이 시작되었다. 1848년은 실로 '혁명의 해'였다. 마르크스와 엥겔스가 바라

1848년 2월, 무능한 루이 필리프 정부에 대한 불만이 폭발한 프랑스 민중들은 의회와 시청을 점령하고 공화제를 선포했다. 프랑스에서 시작된 혁명은 전 유럽으로 확산되었으나 불과 몇 달 만에 모두 막을 내렸다. 바리케이드를 사이에 두고 대치하고 있는 시위대와 군대.

마지않던 바로 그 혁명이 프랑스에서 시작되어 전 유럽으로 확산되었던 것이다. 루이 필리프 치하의 프랑스에서는 경제적 · 정치적 불만이 높아져 갔고 결국 1848년 2월 23일 대학생, 실업자, 소상점주, 상인 들이 주도하는 대규모의 시위로 이어졌다. 그리고 시위대와 군대 사이에 총격전까지 발생하여 52명이 사망했다. 시민들은 더 이상 루이 필리프 정부의 무능력을 두고 볼 수만은 없었다. 곧 파리 시내는 500여 개의 바리케이드로 뒤덮였고, 시위대는 의회와 시청을 점령했으며, 마침내 공화제가 선포되었다. 이 사건이 바로 '세계적 규모의 혁명'을 촉발시켰던 '2월 혁명'이었다.

프랑스에서의 혁명을 필두로, 3월 2일에는 남서 독일에서도 혁명이 일어났고, 3월 6일에는 바이에른, 3월 11일에는 베를린, 3월 12일 빈, 그 직후에 헝가리, 3월 18일에는 밀라노에서 잇달아 혁명이 일어났다. 그리고 불과 몇 주일 만에 유럽 10개국에서 성한 정부는 하나도 남지 않고 모두 쓰러졌다. 그뿐만이 아니었다. 멀리 대서양을 건너 지금의 브라질에서도 반란이 일어났으며, 몇 년 뒤에는 콜롬비아에서 유사한 상황이 벌어졌다. 이를 두고 저명한 마르크스주의 역사가인 홉스봄Eric Hobsbawm은 1848년 혁명이야말로 최초의 '세계 혁명'이자, '여러 인민들의 봄'이었다고 평가한다.

그런데 이러한 혁명의 물결은 프롤레타리아의 혁명을 주창했던 『공산주의 선언』의 영향으로 인한 것이었을까? 사실은 전혀 그렇지 않다. 『공산주의 선언』이 혁명의 발발과 확산에 미친 영향은 극히 미미했다. 프랑스 2월 혁명과 독일 혁명의 참가자들 가운데 『공산주의 선언』을 읽거나 그에 관해 들은 사람은 거의 없었다. 『공산주의 선언』의 영향은 미미했더라도, 어쨌든 1848년의 혁명이 '인민들의 봄'으로서 온 유럽을 뒤흔든 것은 분명한 사실이었다. 이제까지 정치로부터 배제되어 왔던 평범한 인민들은 혁명을 거치면서 즉각 정치의 주체로 참여하여 자신들의 목소리를 내기 시작했다.

그러나 '인민들의 봄'은 역시 봄답게 그리 오래가지 못했다. 불과 몇 달 만에 모든 혁명은 막을 내렸고 봉건 세력은 다시 권좌로 복귀했다. 프랑스에서는 1848년 12월 선거를 통해 압도적인 득표로 나폴레옹의 조카인 루이 나폴레옹 보나파르트가 대통령으로 당선되어 공화정이 성립되었지만, 2년 뒤 보나파르트는 스스로 황제에 즉위함으로써 자신을 대통령으로 만든 혁명을 배신했다.

1848년 혁명은 한편으로는 경제적 불만에, 다른 한편으로는 봉건 지배 계급에 대한 정치적 불만의 표출이었다. 이 혁명에는 부르주아지, 학생, 노동자와 빈민 등 다양한 세력들이 함께 참여했지만 혁명의 최선두에 섰던 이들도, 도시의 바리케이드 위에서 죽어간 이들도 노동자들이었다. 예컨대 베를린에서 죽어간 약 300명의 희생자 중에서 250명 이상이 노동자였고, 밀라노의 사망자 350명 중에 학생, 화이트칼라, 지주는 12명에 불과했다.

더군다나 혁명이 진행되면서 이들은 함께 혁명에 참여했던 온건파 부르주아들로부터 버림받았다. 부르주아지는 노동자들의 급진성과 전투성을 경계했고, 도시 곳곳에 바리케이드가 쌓이자마자 자신들이 타도하려고 했던 보수파와 손을 잡았다. 이를 단적으로 보여주는 예가 1848년 6월 파리 노동자들의 봉기일 것이다. '온건 공화파' 부르주아지는 혁명을 통해 왕정을 무너뜨리는 데 일단 성공하자, 마치 언제 그랬냐는 듯이 함께 혁명에 참여했던 블랑키 같은 사회주의 지도자를 체포했고 수많은 노동자들을 억압했다. 파리 노동자들은 이에 분노하여 격렬하게 저항했다. 결국 시가전이 벌어져 1,500여 명이 사망했고, 시위 참가자 가운데 3,000명이 학살되었으며 1만 2,000명이 체포되어 알제리로 추방되었다.

그렇다면 1848년의 봄을 뒤덮었던 혁명의 불길은 왜 그렇게 급속하게 꺼져 버렸을까? 그리고 혁명의 실패는 프롤레타리아의 혁명을 단언했던 『공산주의 선언』의 주장이 오류임을 의미하는 것은 아닐까? 이에 대해 마르크스는 2년 뒤, 다음과 같이 대답했다.

> 이러한 패배들 속에서 쓰러진 것은 혁명이 아니었다. 쓰러진 것은, 그때까지 첨예한 계급 대립으로까지 치닫지 않았던 사회적 관계들의 결과들, 혁명 이전의 전통적 부속물들이었다. 쓰러진 것은 2월 혁명 이전까지 혁명당이 벗어나지 못했던 인물들, 환상들, 관념들, 계획들이었으며, 2월의 승리가 아닌 일련의 패배들이 이러한 것들로부터 혁명당을 자유롭게 할 수 있었다. 한 마디로 혁명은 〔…〕 결속되고 강력한 반혁명을 산출함으로써, 적을 산출함으로써 그 전진의 길을 개척해 나갔다. 그 적과 맞붙어 싸움으로써 전복 당은 비로소 진정한 혁명당으로 성장하였다.
>
> —『프랑스에서의 계급투쟁』, 『저작 선집2』

이러한 마르크스의 언급이 혁명의 실패에 대한 자기 변명이라고 성급하게 판단하지는 말자. 혁명이 실패했음에도 그는 혁명의 꿈을 결코 포기하지 않았다. 자본주의가 아직 완전히 발전하지 않았던 1848년은 부르주아지와 프롤레타리아 사이의 투쟁보다는 봉건 세력에 대한 투쟁이 더 중요하게 여겨지던 시점이었다. 프롤레타리아가 선두에 서긴 했지만, 혁명의 성격은 자본주의에 반대하는 프롤레타리아 혁명이라기보다는 봉건주의에 반대하는 부르주아 혁명이었다. 비록 프롤레타리아는 1848년에 패배했지만, 그들이 환상을 가지고 있었던 '부르주아 공화국'의 실상도 낱낱이 드러나게 되었다. 이로써 프롤레타리아는 부르주아지가 자신들의 동맹 세력이 아니라 적임을 깨달을 수 있었다. 이는 바로 프롤레타리아 혁명의 필요성을 증명해 주는 명백한 산경험이기도 했다. 혁명의 패배는 곧 새로운 혁명의 필요성을 만천하에 알렸던 것이다.

공산주의자 동맹의 해체와 마르크스의 시련

혁명의 실패는 『공산주의 선언』의 저자인 마르크스와 엥겔스를 비롯한 공산주의자 동맹에도 커다란 시련을 안겨 주었다. 마르크스는 『공산주의 선언』을 출판한 지 몇 주 뒤, 독일에서의 혁명을 지원하기 위해 쾰른으로 이주하여 〈신新라인 신문〉을 출간했는데, 이는 즉각 당국의 검열에 걸려들고 말았다. 프로이센 당국은 〈신라인 신문〉의 기사와 논조에 대해 꼬투리를 잡아 편집실을 수색하거나 직원들을 심문하기 일쑤였고, 한 달 동안 정간시키기도 했다. 하지만 마르크스는 겁을 먹거나 침묵하지 않았다.

결국 신문은 창간 1년 만에 강제 종간되었다. 프로이센 당국은 편집실 직원 반을 기소하고, 마르크스를 포함한 나머지 반에게는 추방을 명령했다. 마르크스도 더는 어쩔 도리가 없었다. 다만 편집자들은 새빨간 잉크로 인쇄된 종간호에서 "언제 어디를 가나 마지막 말은 '노동 계급의 해방'이 될 것"임을 선언했다.

마르크스와 엥겔스의 정치 조직이자, 『공산주의 선언』의 산파였던 공산주의자 동맹 또한 혁명의 실패로 인해 분열되었다. 동맹의 일부 구성원들은 1848년의 혁명은 실패했지만 마음만 먹으면 언제라도 혁명을 다시 일으킬 수 있다고 믿는 '공상가'들이었다. 그들은 조속히 무장 투쟁을 벌이자고 요구했고, 마르크스와 엥겔스는 그러한 주장의 허점을 조목조목 비판했다. 이 논쟁은 결국 내분으로 이어졌고, 그나마 남아 있던 조직원들이 대거 검거되는 사태가 벌어지면서 공산주의자 동맹은 끝내 해체되고 말았다. 이후 마르크스는 오랫동안 다른 혁명가 조직에 가담하지 않았다. 불행 중 다행으로, 그는 꾸준히 연구할 수 있는 시간을 벌게 되어 『자본』이라는 위대한 역작을 세상에 내놓을 수 있었다.

프로이센에서 쫓겨나 파리에 도착한 마르크스 일가는 그곳에서도 파리 경찰 당국에 의해 강제 추방되었다. 스위스, 벨기에, 독일 어느 곳에서도 그의 입국을 허용하지 않았다. 이미 유럽 대륙에서 마르크스라는 이름은 '위험인물'의 대명사로 널리 알려져 있었기 때문이다. 이제 이 젊은 혁명가가 도달한 마지막 피난처는 영국이었다. 마르크스 가족이 거주하게 된 런던은 당시 자본주의의 심장부로서, 세계에서 가장 크고 부유한 도시인 동시에 화려함 이면에 엄청난 규모의 슬럼과 매음굴, 검은 연기를 뿜어내는 공장들이 존재하는 어두운 도시였다. 또한 마르크스와 같이 대륙에서 추방된 망명자들이 모여든 국제적인 혁명가들의 도시이기도 했다.

무일푼이었던 마르크스 가족의 생활이 어떠했으리라는 것은 쉽게 예상할 수 있다. 그들이 런던에서 직면했던 최초의 현실은 지독한 '가난'이었다. 실제로 런던에서 마르크스와 예니는 두 명의 아이들을 잃었다. 그들은 장례 치를 돈도 없어, 이웃으로부터 약간의 돈을 빌려 겨우 작은 관을 살 수 있을 뿐이었다. 1850년 5월에 예니가 쓴 편지에서는 그들이 겪은 비참한 상황이 잘 나타나 있다.

이곳에서는 유모가 엄청나게 비싸기 때문에, 나는 가슴과 등의 통증을 견디기 힘들기는 하지만 직접 젖을 먹이기로 결정했습니다. 그러나 이 가엾은 어린 천사는 젖과 함께 불안과 말로 하지 못한 슬픔도 빨아서 그런지, 낮이나 밤이나 늘 아픕니다. 〔…〕 아이는 아플 때는 젖을 너무 세게 빨아 내 가슴에 상처가 나요. 살이 찢어져서 뿜어져 나온 피가 아이의 작고 떨리는 입 속으로 들어가기도 해요. 〔…〕 집달리가 들어와 내가 가진, 얼마 되지도 않은 물건들을 모두 압류했어요. 침대, 이부자리, 옷가지 등 모두요. 심지어 내 가엾은 아기의 요람까지. 딸애들이 가진 장난감 가운데 괜찮은 것들까지 압류를 해서 애들이 울음을 터뜨렸죠. 집달리들은 두 시간 뒤에 모든 것을 가지고 가겠다고 협박했어요. 나는 덜덜 떠는 애들과 함께 찢어진 젖가슴을 움켜쥐고 맨바닥에 누워야 할 판이었죠.

— 프랜시스 윈, 『마르크스 평전』

마르크스는 엥겔스에게 종종 도움을 부탁했다. "돈이 한 푼도 없다는 것은 무시무시한 일이네.", "지난 여드레 동안인가 열흘 동안인가, 식구한테 빵과 감자만 먹였네. 그러나 오늘은 그나마 먹을 수 있을지 의심스러워. 〔…〕 어떻게 이 지옥 같은 혼란에서 벗어날 수 있을까?", "우리의 불행은 절정에 이르렀네."(프랜시스 윈, 『마르크스 평전』) 엥겔스는 성심 성의껏 그를 도와 주었고, 엥겔스의 경제적 원조 덕분에 그나마 겨우 연명할 수 있었다.

하지만 마르크스 가족의 불행은 '사치스런' 생활에도 일부 원인이 있었다. 마르크스와 예니는 가난한 생활 속에서도 품위 있는 겉모습을 유지하기를 바랐다. 예컨대 마르크스는 자신의 일을 도와줄 비서를 고용했고, 아이들에게 피아노 교육을 시켰으며, 품위를 유지하는 데 필요한 값비싼 물건을 구입하기도 했다. 아마도 이것이 '혁명가' 마르크스의 인간적인 한계였다는 사실을 부인할 수 없을 것 같다. 그러나 이러한 인간적 한계가 마르크스의 혁명에 대한 열정과 자본주의 분석에서의 천재성을 깎아 내리지 못한다는 것 또한 분명하다.

생활고에 시달리고 '종기' 때문에 고통받으면서도 마르크스는 자신이 해야 할 일을 결코 잊지 않았다. 그것은 바로 『공산주의 선언』에서 정초했던 관점을 과학적으로 증명하고 이론화하는 것이었

고전 경제학의 창시자 애덤스미스(왼쪽)와 스미스 이론을 계승, 발전시킨 고전 경제학의 완성자 데이비드 리카도. 애덤 스미스와 데이비드 리카도는 자본주의 부의 원천이 '노동'에 있다는 사실을 밝혀 냈지만, 자본주의 '착취'의 비밀을 푸는 데는 실패했다.

다. 1848년 초에는 임박한 것으로 보였던 공산주의 혁명이 왜 그대로 주저앉고 말았는지, 가난하고 비참한 사람들을 점점 더 막대한 규모로 양산해 내는 자본주의의 비밀은 무엇인지에 관해 면밀히 분석할 필요가 있었다. 그것은 곧 혁명의 '객관적' 조건이었기 때문이다. 혁명은 단순히 몇몇 혁명가들의 의지만으로는 결코 달성할 수 없다는 사실을 그는 정확히 인식하고 있었다.

마르크스는 아침 9시부터 저녁 7시까지 런던의 대영박물관 도서관에 파묻혀 있었다. 그는 운이 좋았다. 도서관에는 그가 필요로 하는 거의 모든 책이 구비되어 있었기 때문이다. 마르크스는 이곳에서 누구도 따라올 수 없는 열정으로 애덤 스미스Adam Smith와 데이비드 리카도David Ricardo 등의 저서들을 읽었고, 이들의 경제학에 대한 비판에 몰두했다.

마르크스는 처음에는 자신의 연구가 그렇게 오랜 시간을 필요로 한다는 것을 전혀 예상하지 못했다. 그는 친구들에게 단지 '5주' 만 지나면 자본주의에 대한 분석을 모두 끝낼 수 있을 것이라고 호언장담했다. 그러나 그가 시작한 거대한 작업은 약속한 몇 주가 지나도 끝이 보이지 않았다. 마르크스는 다음과 같이 '변명' (하지만 그것은 진실이었다)했다. "내가 다루고 있는 자료는 지독하게 복잡해서 아무리 노력을 해도 앞으로 6주 내지 8주는 지나야 끝이 날 걸세." 하지만 이 약속도 지켜지지 않았다. 자본주의를 과학적으로 분석한다는 것은 그리 쉬운 일이 아니었다. 글을 쓰고 공부하는 시간이 길어질수록, 탈고는 더 멀어져 갔다. 마르크스는 늘 새로운 실마리를 쫓아가야 했고 모호한 부분을 연구해야 했기 때문이다. 결국 마르크스의 경제학 연구의 성과는 10여 년이 훨씬 지난 후에야 출판된 『자본』으로 세상의 빛을 보게 된다.

국제 노동자 협회의 창설: 프롤레타리아 국제주의를 향하여

『자본』의 완성이 늦어지게 된 것은 연구의 어려움 때문만은 아니었다. 공산주의자 동맹의 해체 이후 정치적인 활동에서 벗어나 연구에만 전념하고 있던 마르크스에게 다시 공적인 무대에서 활동할 기회가 찾아온 것이다. 당시 여러 사람들은 마르크스가 왜 정치 활동을 그만두고 은둔해 있는지 궁금해 했다. 1857년에는 뉴욕의 혁명가들이 옛날의 공산주의자 동맹을 부활시켜 달라는 편지를 보냈을 정도였다. 하지만 마르크스는 "나의 이론적인 연구가, 현재 유럽 대륙에서 활발하게 조직되고 있는 결사체들의 활동에 참견하는 것보다 더 쓸모 있다고 굳게 믿고 있습니다."라고 우회적으로 거절할 뿐이었다. 마르크스는 자신의 활동 공간을 공적인 무대에서 서재와 도서관으로 옮겼지만, 유럽과 세계에서 진행되고 있는 사건들에 대해서는 그 어느 때보다 세심하게 관찰하고 있었다. 그런데 가만히 앉아서 관찰만 할 수는 없는 결정적인 사건이 발생했다. 바로 1864년 '국제 노동자 협회'의 창설이었다.

뒷날 '제1인터내셔널'이라고 불리게 되는 국제 노동자 협회는 노동자들의 국제적인 조직이었다. 이 조직은 영국과 프랑스의 노동자들이 창립을 주도했고, 영국에 망명해 있던 소수의 다른 나라 출신들이 대표 자격으로 참여함으로써 구성되었다.

독일 대표로 국제 노동자 협회에 참여할 것을 제안받았을 때, 마르크스는 처음에는 자신은 노동자가 아니기 때문에 자격이 없다고 정중하게 거절했다. 그러나 역설적이게도 마르크스가 이 조직에 점차 관심을 보이고 결국 총평의회 의장 자리까지 맡게 된 것은, 국제 노동자 협회가 말만 많고 거드름피우는 지식인들의 조직이 아닌 '진짜' 노동자들의 조직이라는 이유에서였다.

1864년 창설된 국제 노동자 협회, 즉 제1 인터내셔널은 노동자들의 국제적인 조직이었다. 마르크스는 국제 노동자 협회 활동을 통해 '프롤레타리아 국제주의'라는 정치 이념을 구현하고자 노력했다. 인터내셔널가를 부르며 행진하는 노동자들을 그린 석판화.

물론 이 같은 설명에는 다소 꺼림칙한 부분이 있다. 마르크스는 출신 성분으로 보자면 분명 소부르주아 지식인이었으며, 자신도 그러한 사실을 부인하지 않았다. 따라서 그가 국제 노동자 협회에 가입하면 자신이 그렇게 칭송해 마지않던 프롤레타리아의 순수성을 약화시키는 것이 아니었을까? 이에 대해 마르크스의 전기를 쓴 프랜시스 윈은 다음과 같이 마르크스를 옹호한다.

간단히 말해서, 직책을 맡은 사람이나 회원은 대부분 노동 계급 출신이어야 한다는 점을 인정하면서도, 마르크스는 자신이 프롤레타리아가 아니라는 사실은 창피해 하지 않았다. 그 자신과 같은 사람들이 지위를 이용하여 유세를 부리거나 명성을 탐하지 않는 한 협회에 제공할 것이 많다고 생각한 것이다.

— 프랜시스 윈, 『마르크스 평전』

윈의 주장을 그대로 받아들일 것인가의 문제는 차치해 두고라도, 거의 대부분의 학자들은 마르크스가 없었더라면 국제 노동자 협회는 1년도 못 가 해체되었을 것이라는 데 의견을 같이한다. 이것은 곧 마르크스 자신은 비록 프롤레타리아가 아니었을지라도 어떠한 노동자 못지않게 프롤레타리아의 해방과 새로운 공동체의 구성에 헌신했다는 사실을 말해 주는 것이 아닐까? 마르크스가 죽은 뒤, 엥겔스가 "인터내셔널(국제 노동자 협회)이 없는 무어(마르크스의 별명)의 삶은 다이아몬드가 깨진 다이아몬드 반지와 같다."고 회고했을 정도니 말이다.

마르크스는 『공산주의 선언』에서 정초한 자신의 생각을 국제 노동자 협회 활동을 통해 구체적으로 펼치고자 했다. 현대 자본주의 국가는 외양상 개인들의 평등한 공동체를 지향하는 듯했지만, 그 역시도 소유자들만의 공동체일 뿐이었다. 따라서 마르크스에게 목표는 분명했다. 그것은 국가라는 공동체를 넘어서고, 나아가 자본주의를 넘어서는 것이었다. 이를 위해서는 이제까지 공동체에서 배제되어 왔던 사람들이 단결하여 새로운 정치의 주체가 되어야 했다. 새로운 정치란 바로 '프롤레타리아 국제주의'였으며, 마르크스와 엥겔스가 『공산주의 선언』에서 주장했던 '공산주의' 그 자체였다. 국제 노동자 협회는 이러한 공산주의 운동을 벌여 나가는 데 제격이었는데, 이른바 국적을 뛰어넘는 각국 노동자들의 세계적인 조직이었기 때문이다.

마르크스는 국제 노동자 협회의 총평의회 의장을 맡으면서 프롤레타리아 국제주의를 위해 노력했다. 그는 언제나 "노동자의 문제는 일시적 문제도, 국부적 문제도 아니다. 그것은 세계사적인 문제이다."라고 강조했다. 예컨대 마르크스는 영국의 식민지나 다름없었던 아일랜드의 민족 해방은 영국 노동자 계급의 해방과도 관련이 깊다고 주장했다. 엥겔스 또한 "다른 민족을 억압하는 민족은 자기 자신을 해방시킬 수 없다."고 말했다.

당시는 제국주의가 한창이던 시기였다. 영국과 프랑스 같은 서구 선진 국가들은 식민지 개척에 몰두하고 있었다. 그들은 미발전 상태에 있는 아시아와 아프리카 국가들을 식민지로 삼음으로써 식민 민중에게 상품을 강매하거나 천연 원료를 강제로 수탈했다. 또한 선진 국가들 사이에서도 식민지 쟁탈로 인한 전쟁 발발 위험이 높아지고 있었다. 영국과 프랑스, 독일 같은 유럽 국가들은 자국 국민들에게 애국심을 고취함으로써 전쟁에 대비하고자 했다. 그들은 '국가'라는 공동체를 강화함으로써 다른 국가들과의 경쟁에서 승리하고자 했던 것이다. 마르크스와 엥겔스는 이러한 정세 속에서 노동자들의 국제적 단결을 강조함으로써 전쟁을 막아야 한다고 강조했다. 국적을 뛰어넘는 각국 노동자들의 국제적 연대만이, 즉 프롤레타리아 국제주의만이 평화를 가져올 수 있다는 것이다.

하지만 불행히도 프롤레타리아 국제주의를 향한 마르크스의 이상은 쉽게 달성되지 못했다. 각국 노동자들은 자국의 경제 발전 수준과 자신들이 처한 상황에 따라 협회에 기대하는 바가 각기 달랐다. 협회에서 가장 영향력이 컸던 영국의 노동자들은 당시 세계에서 가장 발전한 영국 경제 덕분에 상대적으로 이득을 보고 있었기 때문에, 자본주의의 모순을 근본적으로 없애는 데에는 별로 관심이 없었다. 대신 자본주의 발전의 성과를 '더 많이' 분배받는 일에 집착했다. 뿐만 아니라 노동자들 사이의 경쟁과 반목도 존재했다. 영국 노동자들은 아일랜드 출신의 이민 노동자들에게 종종 적대감을 표출했는데, 저임금 노동력이 유입됨으로써 영국 전체의 평균 임금이 낮아질지도 모른다는 이유 때문이었다.

다른 한편, 당시까지 제후들의 영지로 나뉘어 아직 통일을 이루지 못하고 있던 독일의 노동자들은 '국가의 경계를 넘어서는 프롤레타리아 국제주의'에 별반 공감을 보이지 않았다. 그들은 무엇보다도 민족 국가로 통일함으로써 영국이나 프랑스 같은 강대국과의 경쟁에서 승리하기를 원했다. 강력한 국가만이 노동자들의 처우를 개선시켜 줄 것이라 생각했기 때문이다.

요약해 보자면, 마르크스가 국제 노동자 협회의 총평의회 의장직을 수락한 순간부터 그의 손에 떨어졌던 가장 중요한 과제는 '어떻게 각국의 노동자들이 자국의 이해를 넘어서 노동자 계급으로서 단결할 수 있는가'였다. 사실 답은 의외로 간단했다. 민족이나 국적으로 따지면 영국인, 프랑스인, 독일인 등으로 구분되며 서로의 이해관계가 다를 수밖에 없지만, 계급이라는 기준으로 보자면 그들은 모두 노동자 계급이었다. 따라서 각국의 노동자들이 국민의식 혹은 민족의식에서 벗어나 계급의식을 자각하기만 한다면 민족 갈등이나 대립은 극복될 수 있으며, 나아가 각국 노동자들의 연대를 통해 자본주의의 착취에 맞설 수 있는 힘을 얻게 된다는 것이다. 마르크스뿐만 아니라 국제 노동자 협회를 주도하고 있는 혁명가들은 이러한 신념을 공유했고, 궁극적으로는 모든 노동자들이 계급의식을 자각하게 될 것이라고 낙관했다.

그러나 각국의 노동자 운동은 그들 뜻대로 움직이지 않았다. 평범한 대다수의 노동자들은 계급의 이해보다는 국가와 민족의 이해를 더 중시했기 때문이다. 결국 국제 노동자 협회는 설립된 지 12년 만인 1876년 해체되고 말았다. 세계 노동자들의 완전한 국제적 연대라는 목표는 달성되지 못했던 것이다.

『공산주의 선언』의 성공과 마르크스의 말년

국제 노동자 협회는 해체되고 말았지만, 1850~1860년대까지 잊혀졌던 『공산주의 선언』은 1870년대부터 큰 관심을 받기 시작했다. 또한 1848년 『공산주의 선언』 초판이 출간될 당시만 하더라도 독일 출신 망명 혁명가로 소수의 사람들에게만 알려져 있던 마르크스라는 이름도 유명해졌다. 마르크스는 이제 1867년 출판된 『자본』이라는 역작의 위대한 저자로, 국제 노동자 협회의 실질적 지도자로 명성과 두려움을 동시에 얻기 시작한 것이다. 1872년에 『공산주의 선언』의 영어판이 저자들의 서문과 함께 뉴욕에서 출판되었고, 1882년에는 러시아어판이, 그리고 덴마크어판이 1885년, 새로운 프랑스어판이 1886년에 잇달아 출판되었다. 『공산주의 선언』은 실로 전 세계 노동자 계급에게 가장 널리 알려진 책이 되었다.

그뿐만이 아니었다. 마르크스의 이론을 충실히 따른다고 자임하는 사람들도 생겨나기 시작했다. 대표적인 인물이 독일 사회민주당의 베벨August Bebel과 리프크네히트Wilhelm Liebknecht, 카우츠키Karl Kautsky였다. 이들은 독일 사회민주당의 지도적 인물들로서 스스로를 '마르크스주의자'라고 부르며, 당의 현안들에 관해 마르크스와 엥겔스의 조언을 구하기도 했다. 독일 사회민주당의 급속한 성장과 함께 마르크스주의자들의 수도 점차 증가하였다.

이러한 상황을 지켜보면서 마르크스는 어떤 생각을 했을까? 자신의 사상과 입장을 따르는 사람들이 늘어나고 있다는 사실에 만족했을까? 그렇지는 않은 것 같다. 마르크스가 자신의 사위인 라파르그Paul Lafargue에게 "확실한 것은 내가 마르크스주의자가 아니라는 점이네."라고 말한 것으로 미루어 보건대 말이다. 그는 자신의 사상이 자신의 이름으로 불리는 것을 결코 달가워하지 않았다. 그

●●●
마르크스의 삶은 '현실적인 운동으로서의 공산주의'를 실천하는 삶 그 자체였다. 그는 자신의 사상이 자신의 이름으로 불리는 것을 달가워하지 않았으며, 스스로 '공산주의자' 라고 불리길 원했다.

는 '공산주의자'로 불리길 원했고, 자신의 사상도 '공산주의' 그 이상도 이하도 아니라고 생각했다. 그의 사상을 '마르크스주의'라고 부르고 그것을 따르는 사람들을 '마르크스주의자'라고 부르는 것은, 마르크스를 하나의 종파의 지도자로 고립시키고 그의 이론을 반드시 지켜야 할 종교적 교의와 같은 지위로 격상시키는 결과를 낳을 수 있었다. 마르크스는 바로 이 점을 우려했다.

대외적인 명성과는 달리 마르크스와 그의 가족의 삶은 그리 순탄치 않았다. 자본주의의 모순을 날카롭게 파헤치고 세계 노동자들에게 착취의 폐절을 위한 가차 없는 투쟁을 요구했던 그였지만, 집에서는 손자들의 재롱에 즐거워하는 평범한 할아버지였다. 영국에서 함께 살던 첫째딸과 손자들이 멀리 프랑스로 떠나게 되자, 그의 집은 어둠과 적막만이 감돌았다.

그 때문이었을까? 손자들이 떠난 후 마르크스와 그의 아내 예니는 점점 더 건강이 악화되고 있었다. 특히 예니의 상태가 심각했다. 그녀는 침대에 누워 있는 시간이 점점 길어졌고, 갈수록 야위어 갔다. 예니는 암이었던 것이다. 마르크스도 기관지염과 평생을 따라다닌 온몸의 종기가 더욱 악화되어 고통받았다. 이런 그가 『자본』 2권과 3권의 원고를 마무리하는 것은 불가능했다.

예니 마르크스는 결국 1881년 12월 2일에 죽었다. 마르크스는 기관지염 때문에 병상에 누워 있느라 부인의 임종을 못 했다. 불행은 한꺼번에 찾아온다고 했던가? 2년 뒤인 1883년 1월에 그의 사랑스런 큰딸인 예니헨마저 방광암으로 세상을 떠났다. 그녀는 죽기 직전까지도 아버지의 충격을 우려하여 자신의 병을 알리지 않았던 터였다. 딸의 갑작스런 부음을 전해 들은 이때, 마르크스는 아마 자신의 죽음도 가까워졌음을 예상했던 것 같다. 그는 주치의에게 남긴 편지에서 다음과 같이 말했다. "정신적인 고통에 대한 효과적인 해독제는 하나밖에 없습니다. 그것은 바로 육체적 고통입니다." 이것이 마르크스가 남긴 마지막 편지였다.

1883년 3월 14일 오후, 엥겔스는 여느 때처럼 마르크스의 집을 방문했다. 마르크스의 둘째딸 엘렌은 그가 난롯가 안락의자에서 "반쯤 잠이 들었다"고 전해 주었다. 그러나 몇 분 뒤 그들이 침실에 들어갔을 때, 마르크스는 이미 세상을 떠난 뒤였다. 새로운 공동체를 끊임없이 추구하고자 했던, 그리고 그러한 운동을 '공산주의'라 이름붙였던 위대한 혁명가는 이렇게 죽음을 맞이했다. 엥겔스는 마르크스의 죽음에 대해 다음과 같은 말로 안타까움을 표했다.

"인류는 머리 하나만큼 키가 줄었다. 그것도 우리 시대에 가장 뛰어난 머리 하나만큼."

마르크스의 개인적 생애는 행복했다거나 성공적이었다고 말할 수 없을지 모른다. 그러나 65년이라는 결코 길지 않은 그의 생애는 '현실적인 운동으로서의 공산주의'를 실천하는 삶 그 자체였다. 또한 그는 인류 역사상 그 누구보다도 큰 영향을 끼쳤다. 마르크스만큼 천재적인 '머리'는 아닐지라도 새로운 공동체를 꿈꾸는, 평범하지만 수많은 '머리'들을 키워 냈기 때문이다.

칼 마르크스는 1883년 3월 17일 하이게이트 공동묘지의 예니 마르크스 무덤 근처에 묻혔다. 그의 장례식에는 11명의 지인들이 참석했다. 붉은 매듭이 달린 화환이 놓여진 관 앞에서 평생의 동지였던 엥겔스는 자신의 조사弔詞를 차분하게 읽어 내려갔다. 이 조사만큼 마르크스의 일생을 정확히 평가한 글은 이제까지 없었고, 아마 앞으로도 없을 것이다.

3월 14일 오후 세 시 십오 분 전, 살아 있는 가장 위대한 사상가는 사유하기를 멈추었습니다. 우리가 그를 홀로 남겨 둔 것은 2분도 되지 않았고, 우리가 들어가 보니 그는 안락의자에 평안하게 잠들어 있었습니다. 그러나 영원히 잠들어 있었습니다.

유럽과 아메리카의 전투적 프롤레타리아와 역사 과학이 이 사람의 죽음으로 인해 잃은 것은 실로 헤아릴 수 없을 정도입니다. 이 거대한 정신의 죽음이 남긴 공백은 곧 충분히 실감할 것입니다. 〔…〕 마르크스는 오늘날의 자본주의적 생산 방식을 지배하는, 그리고 이 생산 방식이 산출한 부르주아 사회를 지배하는 특유한 운동 법칙 또한 발견했습니다. 잉여 가치의 발견은, 부르주아 경제학자들의 것이든 사회주의적 비판가의 것이든 간에 이전의 모든 연구들이 해결하려다 어둠 속에서 길을 잃었던 그 문제에 돌연 빛을 던졌습니다.

〔…〕 (그러나 동시에) 마르크스는 그 무엇이기에 앞서 혁명가였습니다. 이러저러한 방식으로 자본주의 사회와 그것에 의해 창조된 국가 제도들의 전복에 기여하는 것, (그리고) 〔…〕 현대 프롤레타리아의 해방에 기여하는 것, 이것이 그의 삶의 진정한 소명이었습니다. 투쟁이 그의 본령이었습니다. 그 사람처럼 열정적으로, 강인하게, 성공적으로 투쟁한 사람은 드물었습니다. 〔…〕 그의 이름은 수세기에 걸쳐 살아 있을 것이며, 그의 위업도 그러할 것입니다.

돋보기 3

마르크스의 『자본』

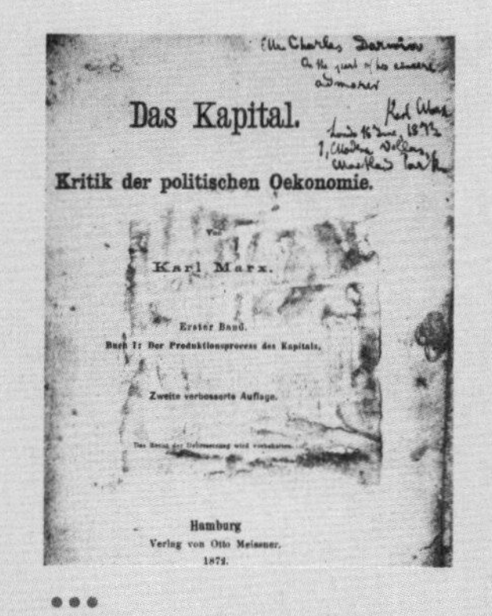

Das Kapital.

Kritik der politischen Oekonomie.

Karl Marx.

Erster Band.

Buch I: Der Produktionsprocess des Kapitals.

Zweite verbesserte Auflage.

Hamburg

Verlag von Otto Meissner.

1872.

●●●
'착취'와 '잉여 가치'는 마르크스의 자본주의 분석에서 핵심적인 개념이다. 1872년 출간된 『자본』 표지.

초기에 철학적 비판에만 관심을 기울였던 마르크스는 점차 경제학 연구의 필요성을 절감하면서, 당시 가장 영향력 있는 경제학자였던 스미스와 리카도의 경제학에 대한 비판 작업에 착수하였다.

이들은 자본주의에서 부의 원천이 '노동'에 있다는 사실을 밝혔다는 점에서 선구적이었지만, 자본주의의 가장 중요한 특징인 '착취'의 비밀을 푸는 데는 실패했다는 점에서 한계가 있었다.

이러한 문제의식에서 마르크스는 1845년 『독일 이데올로기』를 시작으로 1857년 『정치경제학 비판 개요』, 1859년 『정치경제학 비판을 위하여』를 거쳐 마침내 1867년 『자본』 1권의 출판으로 정치경제학 비판의 기획을 본격화했다. 『자본』은 상품에 대한 분석에서 출발한다.

상품은 첫눈에는 자명하고 평범한 물건으로 보인다. 그러나 상품을 분석하면, 그것이 형이상학적 궤변과 신학적 잔소리로 차 있는 기묘한 물건이라는 것이 판명된다. 상품이 사용 가치인 한, 〔…〕 상품에는 조금도 신비한 요소가 없다. 〔…〕 그렇다면 노동 생산물이 상품형태를 취하자마자 발생하는 노동 생산물의 수수께끼와 같은 성격은 어디에서 오는가? 분명히 이 형태 자체에서 오는 것이다. 〔…〕 인간의 눈에는 (상품형태와 노동 생산물의 가치관계가) 물건들 사이의 관계라는 환상적인 형태로 나타나지만, 그것은 사실상 인간들 사이의 특정한 사회적 관계에 지나지 않는다.

—『자본론 I』 1장

마르크스는 상품의 가치가 상품 그 자체의 속성에서 나온다는 통념을 비판하면서, 상품의 가치는 인간들 사이의 특정한 사회적 관계로부터 기인한다고 주장했다. 그리고 이러한 사회적 관계는 곧 '착취 관계' 이며, 착취를 통해 자본주의 사회의 부의 바탕을 이루는 '잉여 가치' 가 생겨난다고 지적했다. 이처럼 '착취' 와 '잉여 가치' 는 마르크스의 자본주의 분석에 있어서 핵심적 개념이다. 어떤 사람들은 마르크스가 살던 시기인 19세기의 자본주의와 20세기의 자본주의는 완전히 다르기 때문에 마르크스의 이론은 적실성을 상실했다고 말하기도 하지만, 적어도 자본주의가 '착취' 와 '잉여 가치' 에 기반하고 있다는 점에서 그 본성은 전혀 변하지 않았다고 보아야 한다.

『자본』은 마르크스 생전에 완성되지 못했다. 마르크스 사후, 엥겔스는 마르크스가 남긴 엄청난 양의 원고 더미를 정리하고 손질하여 1885년에 『자본』 2권을, 1894년에 『자본』 3권을 출판했다. 『자본』 2권은 '자본의 유통 과정' 을 다루며, 『자본』 3권은 '자본주의적 생산 과정 전체' 에 초점을 맞춘다. 특히 『자본』 3권에서는 생산성을 향상시킴으로써 더 많은 이윤을 얻으려는 자본가들 사이의 경쟁이 어떻게 자본주의의 전반적인 이윤율 저하를 가져오는지를 밝히고 있다.

자본의 세계화, 빈곤의 세계화

마르크스의 사망 이후, 새로운 공동체를 건설하려는 공산주의의 이상은 이제 후대 사람들의 몫으로 남겨졌다. 비록 마르크스는 생전에 자본주의의 종말을 보지는 못했지만, 공산주의는 조금씩 뿌리내리고 있었다. 그의 모국인 독일에서 '마르크스주의'를 표방하는 정당이 성공을 거두었고, 몇십 년 뒤에는 러시아에서 인류 역사상 최초의 사회주의 국가가 탄생하였다. 하지만 마르크스가 살아서 이 '성공'을 직접 볼 수 있었다 하더라도 그리 기뻐했을 것 같지는 않다. 그것은 마르크스가 평생 추구했던 '새로운 공동체'의 모습과는 무척이나 거리가 있었기 때문이다.

마르크스 이후의 공산주의

1875년 마르크스와 엥겔스의 이론을 명시적으로 따르는 최초의 정당이 독일에서 결성되었다. 독일 사회민주당(창당 당시에는 '독일 사회주의노동자당' 이었으나, 1890년 '독일 사회민주당' 으로 당명 개정)이 바로 그것이다. 마르크스와 엥겔스는 사회민주당에 직접 참여하지 않았고, 오히려 어느 정도 거리를 두고자 했다. 물론 그들은 사회민주당의 발전을 간절히 바랐지만 자신들은 이론가로서 정치에 조언하는 위치에 남아 있기를 원했고, 당과 관련된 활동은 전문적인 정치인들이 담당해야 한다고 생각했다. '이론' 과 '정치' 는 긴장 관계에 있으면서 서로를 견제하는 역할을 해야 한다고 믿었기 때문이다. 만약 이론적 권위와 정치적 권위가 하나의 정당으로 집중된다면 무소불위의 권력이 되어 버릴 위험이 있다는 것이다. 따라서 독일 사회민주당을 지도하는 일은 베벨, 리프크네히트, 카우츠키 같은 정치인에게 일임되었다.

독일 사회민주당은 창당 후 몇 년 안 되어 독일의 재상인 비스마르크가 제정한 '반反사회주의법' 으로 인해 불법화되는 시련을 겪었다. 하지만 사회민주당이 비밀리에 지명한 후보들은 개인 자격으로 선거에 출마할 수 있었고, 1881년 선거에서 전국적으로 30만 표를 획득하는 성과를 거두었다. 이러한 성공은 거듭되어 1914년에 이르러 독일 사회민주당은 당원 수가 100만 명이 넘는 거대 정당으로 발돋움했다. 성공은 비단 독일에만 국한되지 않았다. 이탈리아, 프랑스, 헝가리, 미국 등에서도 사회주의 정당은 의회에서 많은 의석을 차지하였다.

이러한 성공은 국적을 넘어선 유럽의 노동 운동가와 사회주의 정치가들의 연합인 제2인터내셔널의 창립으로 이어졌다. 프랑스 혁명 100주년인 1889년에 창립된 이 국제적 조직은, 마르크스가 주도했던 국제 노동자 협회를 계승한다는 점을 명백히 밝혔다. 두 번째 국제 노동자 협회라는 의미에서 스스로를 '제2인터내셔널' 이라고 이름붙였던 것이다. 제2인터내셔널은 창립 직후인 1890년에는 하루 8시간 노동을 요구하기 위한 총파업을 수행함으로써, 전세계 노동자들로부터 열렬한 호응을 받기도 했다. 이처럼 19세기 말과 20세기 초반은 한편으로는 사회주의 정당의 성공과 다른 한편으로는 각국 사회주의 정당의 연합인 제2인터내셔널의 성립으로 사회주의의 승리가 곧 실현될 것처럼 보였다.

그러나 외관상의 성공에도 불구하고 유럽의 사회주의 정당들과 인터내셔널에는 내부적으로 심각한 모순이 존재했다. 이들은 거의 대부분 '마르크스' 의 이론을 자신들의 공식 입장으로 표명했지만, 실제로는 마르크스로부터 점차 멀어지고 있었다.

1890년 선거에서 제1당으로 부상한 독일 사회민주당의 경우처럼, 대부분의 유럽 사회주의 정당들은 의회로의 진출과 선거에서의 승리에 몰두했으며 어느 정도 만족할 만한 성과를 얻기도 했다. 이는 곧 그들이 '의회' 라는 제도와 '선거' 라는 규칙을 인정하고 준수하며, 나아가 '국가 권력' 을 획득하는 것을 최종 목표로 삼는다는 것을 뜻했다. 하지만 마르크스에게 국가 권력은 "부르주아 계급 전체의 공동 업무를 관장하는 위원회"일 뿐이었다. 당시의 사회주의 정당들은 눈앞의 성공에 도취된 채 국가라는 공동체를 넘어서기보다는 그것에 의존하고 오히려 그것을 강화시키고 있었던 것이다.

이러한 내적 긴장은 제2인터내셔널에서 20여 년 동안 지속되었다. 그러나 1914년 1차 세계전쟁이 발발하면서 상황은 갑작스럽게 변했다. 마침내 긴장은 갈등으로 폭발했다. 제1차 세계 대전이 발발하자 제2인터내셔널은 그것이 자본가들 사이의 전쟁일 뿐이라며 전쟁 반대 입장을 즉각 천명했지만 이 입장은 그리 오래가지 못했다. 각국의 노동자들은 국제적 연대라는 이상보다 '조국 수호'라는 애국주의적 입장에 더 많이 동조했고, 이러한 노동자들의 분위기에 동요된 독일 사회민주당은 결국 전쟁을 위한 국채 발행 법안에 찬성하기에 이르렀다. 제국의회에서 더 많은 의석을 차지하는 데에만 몰두해 왔던 독일 사회민주당의 행로의 필연적인 귀결이었다.

제2인터내셔널의 대표 세력이었던 독일 사회민주당이 결국 전쟁 찬성 입장으로 돌아섬으로써 노동자들의 국제적 연대를 목표로 했던 제2인터내셔널은 붕괴되고 말았다. 이제 유럽의 노동자들은 연대와 협력 대신 서로에게 총부리를 겨누게 되었다. 이는 실로 비극이었다. 사회민주당의 로자 룩셈부르크Rosa Luxemburg는 제국주의 전쟁이 노동자 계급과는 무관하고 명백한 해악일 뿐이라며 프롤레타리아 국제주의의 원칙을 수호할 것을 호소했지만, 그녀의 목소리는 이미 시작된 국가주의 열풍 앞에서 힘없이 사그라들고 말았다. 이로써 『공산주의 선언』 이래 점차 그 세력을 키워 왔던 공산주의 운동은 명백히 후퇴하게 되었다.

칼 리프크네히트Karl Liebknecht와 로자 룩셈부르크 같은 몇몇 혁명가들은 이에 격렬히 저항했고, 그들을 따르는 일부 노동자들과 병사들은 무장 봉기까지 일으켰다. 하지만 결국 정부에 의해 무참히 진압되었고, 리프크네히트와 룩셈부르크는 사회민주당 지도부의 묵인 아래 군부에 의해 살해되었다.

마침내 국가와 의회를 강화하려는 시도는 성공하여 사회민주당의 주요 인사들이 주도하는 바이마르 공화국이 1919년 탄생하게 되었다. 그러나 이는 비극의 서막에 불과했다. 왜냐하면 제2차 세계대전을 일으킨 장본인이자, 수백만 명을 살해한 원흉인 히틀러가 정치 지도자로 성장한 시점이 바로 바이마르 공화국 시기였기 때문이다. 히틀러에 대한 지지와 유대인 학살은, 프롤레타리아 국제주의를 전면에 내세웠던 제2인터내셔널의 붕괴와 독일 사회민주당의 국가주의에서 이미 어느 정도 예견된 것이었다.

다른 한편 마르크스와 엥겔스가 『공산주의 선언』에서 예견했던 혁명, 자본주의를 전복하는 최초의 혁명이 1917년 10월 러시아에서 드디어 성공했다. 1789년 프랑스 혁명이 새로운 시대를 연 것에 비견될 수 있을 만큼 러시아 혁명은 20세기의 새로운 역사의 장을 열었다. 오히려 러시아 혁명이 가져온 결과는 프랑스 혁명의 그것보다 훨씬 더 컸고 훨씬 더 지속적이었다. 1917년 이후 불과

30~40년 만에 인류의 3분의 1이 '마르크스'의 이름을 명시적으로 내건 공산당의 통치 하에 들어갔으며, 이후 20세기 말까지 세계의 역사는 서구 자본주의 국가와 동구 사회주의 국가 사이의 긴장과 경쟁으로 점철되었기 때문이다.

사실 러시아는 유럽 국가들 중에서는 후진 국가였다. 유럽의 선진 국가들이 정치적으로는 공화정, 경제적으로는 산업화를 향해 나아가고 있던 19세기 말에도 러시아는 강력한 차르(러시아 황제의 칭호)와 전체 인구의 1퍼센트에 불과한 세습 귀족들이 지배하는 봉건 국가이자, 인구의 80퍼센트가 농민인 농업 국가였다. 이처럼 후진적이고 정체된 사회였던 러시아에서 역설적으로 최초의 공산주의 혁명이 성공한 것은 '볼셰비키'라고 불리던 헌신적 혁명가들과 그들의 탁월한 혁명 지도자인 레닌의 노력 덕택이었다.

러시아에서 시작되어 순식간에 세계를 휩쓴 혁명의 물결은 자본주의의 착취를 철폐하고 더 평등한 공동체를 이룩하고자 하는 민중들의 간절한 소망과 용기에 의한 것이었다. 그러나 의도와 결과는 반드시 일치하지는 않는다. 세계 혁명은 성공한 지 얼마 안 되어 이미 조금씩 잘못되어 가기 시작했다.

혁명 이후 성립된 소비에트 연방(소련)에는 해결되어야 할 난제들이 넘쳐났다. 그 가운데 가장 시급한 문제는 후진적인 경제를 어떻게 선진 자본주의 국가들의 수준으로 끌어올리느냐에 있었다. 이제 소련의 핵심적이고 유일한 목표는 급속한 산업화와 경제 성장이

•••
마르크스와 엥겔스가 『공산주의 선언』에서 예견한, 자본주의를 전복하는 혁명이 1917년 10월 러시아에서 일어났다. 러시아 혁명 포스터.

었다. 이를 위해 소련 공산당은 모든 산업의 국유화와 계획화를 감행했다. 공산당이 경제 성장 목표를 정하면 모든 노동자들과 농민들은 그것을 따라야만 했다. 이는 마치 군사 작전을 방불케 하는 것으로서 노동자들과 농민들의 희생을 대가로 했다.

기본 생필품은 턱없이 부족했으며, 노동 강도는 상상을 초월했다. 특히 혁명에 지지를 보냈던 농민들은, 기대와는 달리 자기 소유의 토지를 가지지 못했고 협동농장이나 국영 농장으로의 강제 집단화로 인해 막대한 피해를 입었다. 반면 공산당 관료들의 규모는 지나치게 비대해져, 1930년대에 이미 육체 노동자 2명당 1명의 당 관료들이 존재하게 되었다.

물론 몇몇 열렬한 반공주의자들이 주장하는 것처럼, 소련이 사람이 도저히 살 수 없는 '지옥' 같은 사회였다고 말하는 것은 지나치다. 사회주의 국가로서 소련은 모든 사람들에게 적어도 최소한의 생활 수준은 보장해 주었다. 모든 국민은 일자리, 적정한 수준의 집세, 연금, 무료 보건 서비스를 제공받았으며 서구 자본주의 국가에 비해 대체로 평등했다. 또한 산업화 노력이 성과를 나타내기 시작하면서 수십 년 만에 초강대국의 지위로 올라섰다.

그러나 소련은 마르크스가 그렸던 "각자의 자유로운 발전이 모두의 자유로운 발전의 조건이 되는" 사회가 결코 아니었음은 분명하다. 오히려 경제 성장이라는 집단적 목표를 위해 개인들의 자유로운 발전을 억압하고 희생만을 강요한 사회였다. 더군다나 공산당은, 소련이 노동자가 주인이 되는 새로운 공동체라고 선전했지만 실제로는 자본주의 국가와 다름없는 모습으로 변질되고 있었다. 마르크스와 엥겔스에게 공산당은 기존 공동체를 넘어서기 위한 혁명 조직이었지만, 소련에서는 반대로 국가를 공고히 하는 특권층만의 조직이 되어 버렸다. 공산당 자체가 곧 국가가 되어 버린 셈이다. 그 결과 민중들은 당이 목표와 지침을 정해 주면 수동적으로 따라야 하는 존재로 전락하고 말았다.

특히 레닌의 사망 후 권력 투쟁을 통해 소련 공산당의 지도자로 부상한 스탈린은 더 참혹한 결과를 가져왔다. 그는 서기장에 임명되자마자, 자신의 정치적 반대파들을 '반혁명 분자'로 몰아 체포하거나 멀리 유배를 보냈다. 이렇게 체포된 사람이 400만~500만 명에 이르렀고, 그 가운데 처형된 사람이 40만~50만 명에 달했다. 그야말로 대숙청이었다. 이처럼 스탈린은 공포정치를 통해 소련 민중들을 통제했고, 자신에게 반대하는 모든 사람들을 강제 노동 수용소로 보내 산업화를 위한 노동력으로 삼았다. 또한 그는 자신을 신격화했다. 소련의 국가國歌에 "스탈린이 우리를 길러 주셨네. 국민에 대한 충성심으로, 노동으로 그리고 영웅적 행동으로 나아가도록 우리를 북돋워 주셨네."라는 가사를 삽입할 정도였다. 스탈린은 러시아 혁명이 제거한 차르와 같은 존재가 된 것이다.

소련뿐 아니라 동유럽 사회주의 국가들도 마르크스로부터 점점 이탈해 갔다. 우리가 학교에서 배우는 '윤리' 과목처럼 사회주의 국가에서는 학생들에게 '마르크스-레닌주의'를 주입했지만, 어린 학생들은 학교에서 배운 '마르크스-레닌주의'에서 별다른 감흥을 얻지 못했다. 혁명 이후에 태어난 많은 젊은이들은 때가 되면 공산당에 가입했지만, 이는 혁명에 대한 신념 때문이라기보다는 공산당에 가입해야만 출세가 보장되기 때문이었다. 이러한 '공산주의'는 더 이상 마르크스가 말했던 "오늘날의 상태를 지양하는 현실적인 운동"이 아니었다. 그것은 현실의 체제를 안정시키고 소수 지배 세력의 통치를 공고히 하는 도구일 뿐이었다. 이것은 더 이상 공산주의일 수 없었다.

하지만 이렇게 '박제화된' 공산주의에 대한 저항도 존재했다. 대표적인 예가 중국의 '문화 대혁명'과 서유럽의 '68혁명'이었다. 두 혁명을 이끌었던 젊은이들은 20세기 초반의 사회주의 혁명 이후에 태어난 세대로서 아버지 세대에 대해 강한 불만을 표출했다.

문화 대혁명에서 '홍위병'으로 불렸던 젊은이들은 '모든 반역은 정당하다造反有理'와 '사령부를 포격하라'는 구호를 앞세우면서 이제는 권력 기구가 되어 버린 공산당 지도부를 공격했다. 그리고 1968년 프랑스의 대학가에서 시작되어 유럽과 미국을 거쳐 일본에까지 전파된 '68혁명'은, 권위주의와 기성 제도에 대한 가차 없는 비판을 가했다. 문화 대혁명과 68혁명은 자본주의에 대한 비판인 동시에 공산당 같은 '구좌파'에 대한 거부이기도 했다. 그러나 두 혁명은 결국 실패로 끝나고 말았다. 공산주의에 새로운 생명력을 불어넣으려는 시도는 이렇게 좌초되었던 것이다.

이쯤에서 잘 알려지지 않은 에피소드 하나를 소개하도록 하자. 본래 『공산주의 선언』은 1848년 '공산당 선언Manifesto of the Communist Party'이라는 제목으로 출판되었다. 그런데 마르크스와 엥겔스는 1872년 새롭게 간행된 독일어판부터 '공산주의 선언 The Communist Manifesto'이라는 제목으로 변경했다. 제목에서 '당party'이라는 단어를 뺀 것이다. 어떤 학자는 제목 변경이 당국의 검열을 피하기 위한 것이라고 주장하지만 정확한 이유는 알 수 없다. 다만 여러 실마리들을 통해 추측만 가능할 뿐이다.

그렇다면 이렇게 추측해 볼 수도 있지 않을까? 마르크스와 엥겔스는 국가를 넘어서는 새로운 공동체를 지향하기 위해서는, 공산당이라는 프롤레타리아의 조직이 불가피하다고 생각했음은 분명하다. 하지만 동시에 공산당이라는 조직 자체가 국가의 모습을 닮아

갈 위험도 인식했다. 공산주의 운동을 '지도' 한다는 이유로 오히려 대다수 노동자들의 자발성을 억압하게 될 위험성 말이다. 이것이 바로 제목을 '공산주의 선언' 으로 변경한 숨은 의도가 아닐까? 이렇게 추측해 본다면, 마르크스와 엥겔스는 몇십 년 뒤 독일과 러시아에서 실제로 벌어졌던 비극을 사전에 경고했던 셈이다.

자본주의의 승리

1989년, 예견된 사태가 벌어지고 말았다. 1917년 이래 70여 년 동안 존속해 온 사회주의 국가들이 갑작스럽게 붕괴한 것이다. 1917년이 세계 최초의 사회주의 국가를 탄생시켰던 혁명의 시작이었다면, 1989년은 전세계의 사회주의 국가들을 도미노처럼 차례로 넘어뜨렸던 또 다른 혁명의 시작이었다. 폴란드와 헝가리 같은 동유럽 사회주의 국가들에서 공산당의 일당 지배는 종말을 고했고, 동독과 서독을 갈라 놓았던 베를린 장벽도 결국 붕괴하여 동독은 서독으로 흡수통일되었다. 또한 중국에서도 민주화와 자유화를 요구하는 대학생들의 대규모 시위가 천안문 광장에서 벌어졌다.

소련의 몰락은 특히 서방 국가들에서 큰 환영을 받았다. 오랫동안 자신들을 성가시게 했던 가장 큰 위협이 사라졌기 때문이다. 그들은 현실 사회주의의 몰락은 곧 '공산주의에 대한 자본주의의 승리' 이며, 자본주의의 붕괴를 예견했던 마르크스의 분석이 오류임이 증명되었다고 주장했다. 더 나아가 70여 년 간의 사회주의 실험이 가져온 온갖 폐해와 역효과의 책임까지 마르크스와 마르크스주의자들에게 덧씌워졌다. 어떤 사람은 마르크스를 역사상 최악의 사기꾼으로, 어떤 사람은 히틀러에 비견될 만한 악한으로 그리면서 비난을 퍼부어댔다. 영국의 한 보수적 언론인은 의기양양하게 마르크스주의를 다음과 같이 조롱했다.

> 1990년대의 영국에서 놀라운 것은 이 위험한 사기꾼이 여전히 우리의 신문과 방송에서 그리고 학계에서 영향력을 가지고 있다는 것이다. 우리는 나치 인종 이론의 대변자에게라면 그 같은 파격을 허용하지는 않을 것이다. 마르크스주의는 치명상을 입었다. 그러나 그것이 질질 끄는 임종의 시간을 가질 만큼 사치를 누려야 할 하등의 이유도 없다.

기존의 마르크스주의자들은 사회주의 붕괴 이후 대혼란에 빠져들었다. 그 중 어떤 사람들은 러시아 혁명 이후 건설된 소련 사회의 모습은 마르크스주의를 왜곡했을 뿐이라고 주장했다. 그들에 따르면 소련 사회는 자본주의 국가와 다를 바 없으며 단지 국가가 하나의 거대한 자본의 역할을 담당했던 '국가 자본주의' 였거나, 관료들에 의해 기형화된 '타락한 노동자 국가' 였다. 따라서 소련의 몰락은 마르크스주의와는 아무런 관련이 없다는 것이다. 반면 어떤 마르크스주의자들은 자신들의 잘못과 오류를 시인하면서 '마르크스주의의 종말'을 선언했다. 소련의 몰락은 곧 마르크스주의의 붕괴를 의미한다는 것이다. 그리고 마르크스주의로부터 전향하여 새로운 시대에 빠르게 적응하기 시작했다.

그러나 이처럼 극단적인 관점만 존재하는 것은 아니었다. 두 입장 모두를 비판하는 제3의 입장도 존재했다. 대표적인 인물이 프랑스의 철학자 루이 알튀세Louis Althusser였다. 그는 현실 사회주의가 몰락하기 10여 년 전에 소련을 비롯한 사회주의 국가들에서 무언가 잘못되어 가고 있다고 지적하면서, 이를 '마르크스주의의 위기'라고 명명했다. 하지만 위기는 기회를 의미하는 것이기도 했다. 마르크스주의자들이 위기의 원인을 규명하고 그것을 해결하려 한다면, 공산주의 운동을 한 단계 발전시킬 수도 있기 때문이다.

알튀세는 이 위기가 이제까지 많은 공산주의자들이 '국가'와 '당' 사이의 관계에 대해 사고하지 못했던 것에서 비롯된다고 지적했다. 그에 따르면 '공산당'은 자본주의 국가를 타도하고 새로운 공동체를 건설하려는 혁명적 조직이다. 그러나 많은 사회주의 국가들에서 공산당은 국가를 너무 닮아 버렸고, 그 결과 새로운 공동체의 주체가 되어야 할 대중들은 오히려 당의 명령에 복종해야만 하는 수동적인 존재로 전락하고 말았다. 따라서 알튀세는 마르크스주의의 위기를 극복하기 위해서는 대중들이 정치의 완전한 주체가 되어야 하며, 그럴 때에야 국가라는 기존의 공동체와 자본주의를 변혁시킬 수 있다고 단언했다. 이는 곧 마르크스가 『공산주의 선언』

에서 제시했던 '공산주의'의 복원을 의미하는 것이었다.

하지만 알튀세의 경고에도 불구하고 마르크스주의의 위기는 심화되었고, 70년간 존재해 왔던 현실 사회주의는 결국 붕괴하고 말았다. 그렇다면 현실 사회주의의 붕괴와 함께 공산주의의 이상도 함께 사라져 버린 것일까? 이제 싫든 좋든, 대안은 자본주의라는 선택지밖에 없는 것일까? 이에 대한 판단은 잠시 뒤로 미루도록 하자. 분명한 것은 자본주의의 옹호자들이 의기양양하게 선언했던 것과는 달리, '자본주의의 승리'가 인류에게 더 많은 행복과 번영을 가져다 준 것은 결코 아니라는 사실이다.

마르크스주의의 위기를 극복하기 위해서는, 대중들이 정치의 완전한 주체가 되어 국가라는 공동체와 자본주의를 변혁해야 한다고 알튀세는 단언했다. 마르크스가 제시한 '공산주의'의 복원을 의미하는 것이다.

사회주의가 붕괴하고 자본주의의 승리가 선언되었던 직후부터 자본주의는 새로운 단계로 접어들었다. '사회주의'라는 귀찮은 존재가 사라져 버리자, 자본주의는 본격적으로 세계 전체를 새롭게 변화시키기 시작했다. 이른바 '세계화globalization' 시대가 도래한 것이다.

자본의 세계화

보통 '세계화' 란 세계가 마치 하나의 사회인 양, 국가간 교류와 협력이 증대되어 가는 경향을 지칭하는 용어로 사용된다. '지구촌' 이라는 말이 실현되고 있다는 것이다. 세계화 시대에 사람들은 비교적 힘들지 않게 세계 각지로 자유롭게 이동할 수 있다. 또 안방에 앉아서도 세계 각지의 사건을 텔레비전이나 인터넷을 통해 실시간으로 알 수 있고, 10년 전만 하더라도 수십 일이 걸렸던 국제우편이 클릭 한 번이면 전달되는 이메일로 대체되었다. 이러한 변화를 가져온 중요한 요인은 교통과 통신 기술의 발달이었다. 전세계를 두 개의 적대적 세력으로 대립하게 했던 냉전이 끝났다는 사실도 세계화를 더욱 가속화하는 데 일조했다. 많은 사람들은 '세계화' 를 새로운 번영이 도래할 '기회의 시대' 로 환영했다. 각 국가들로 고립되어 있던 지역 문화와 가치들이 자유롭게 교류하면서 세계의 문화 수준을 고양시키고, 평화를 증진시킨다는 것이었다. 하지만 세계화의 과정 속에서 이러한 기대는 실현되고 있을까?

이 질문에 답하기 전에 우선 현재 진행되고 있는 세계화의 양상을 면밀히 살펴볼 필요가 있다. 오늘날 가장 세계화된, 또는 세계화를 선진적으로 주도하고 있는 거의 유일한 행위자가 존재한다면 그것은 다름 아닌 기업 혹은 자본이다. 기업이야말로 '세계화' 시대를 이끌어 가는 진정한 주인공이라고 할 수 있다.

1970년대 세계 경제의 침체 이후, 미국을 위시한 주요 선진 국가의 자본들은 불황을 극복하기 위해 보다 적극적으로 해외로 진출하기 시작했다. 경제가 어려울수록 기업들은 이윤을 찾아 새로운 해외 시장과 더 값싸게 물건을 생산할 수 있는 생산지로 이동했던 것이다. 이에 따라 국제적 생산 자본의 이동이 크게 증가했다. 특히 이러한 변화는 '관세와 무역에 관한 일반협정GATT' 이나 '세계 무역 기구WTO' 와 같은 국제 기구의 도움으로 안정적으로 진행될 수 있었다.

국제 기구들은 주로 선진국의 편에 서서 선진국의 기업들이 해외 시장에 손쉽게 진입할 수 있도록 발전도상국에 무역 자유화 압력을

'자유 무역주의' 를 내세운 GATT와 WTO 같은 국제 기구의 지원 덕분에, 초국적 기업들은 세계 각지를 자유롭게 이동하면서 물건을 팔고, 더 싸게 생산할 수 있는 곳에 공장을 짓게 되었다. GATT 회담 전경.

가했다. 이제 자유 무역주의, 혹은 자유 기업주의는 세계의 모든 국가들이 지켜야 할 원칙이 되었다. 따라서 기업들에게 국가들 사이의 경계는 더 이상 장애물이 되지 않았다. 이들은 자유롭게 세계 각지를 이동하면서 더 많은 이윤을 낼 수 있는 곳에서 물건을 팔았고, 더 싸게 생산할 수 있는 곳에 공장을 지었다.

이들을 보통 '초국적 기업transnational corporation' 혹은 '초민족 기업' 이라고 부른다. 과거에 널리 사용된 '다국적 기업multinational corporation' 은 '여러 나라에 걸쳐 활동하는 기업' 이라는 평면적인 의미만을 전달하는 반면, '초국적 기업' 은 '본국의 기반을 넘어서서 세계적인 자본 축적을 수행하는 기업' 이라는 뜻으로서 20세기 후반 기업의 성격을 보다 정확하게 전달해 준다.

> 자신의 생산물의 판로를 끊임없이 확장하려는 욕구는 부르주아지를 전지구상으로 내몬다. 부르주아지는 도처에서 둥지를 틀어야 하며, 도처에서 정착하여야 하고, 도처에서 연계를 갖추어야 한다. 1장

세계화되는 것은 상품이나 공장, 기업뿐만이 아니다. 이제는 아예 '돈' 그 자체도 거의 빛과 같은 속도로 세계 곳곳을 질주하고 있다. 전에는 국내 기업에 대출되거나 주식 시장 같은 국내의 금융 시장에 투자되던 자금이 이제는 국경을 훌쩍 넘어서 외국 기업에 대출되거나 해외의 주식 시장과 외환 시장에 투자되고 있다. 인터넷

기술의 발달로 컴퓨터 앞에서 클릭 몇 번만 하면 엄청난 자금을 해외로 송출할 수 있기 때문이다.

이렇게 본다면 '세계화'란 다른 어떤 것도 아닌 '자본의 세계화'라고 부를 수 있다. 자본이야말로 국경의 방해를 받지 않는 세계화의 진정한 행위자이며, 세계를 하나로 통합하고 있는 선구자인 셈이다. 그렇다면 당연히 다음과 같은 질문이 뒤따라야 한다. 자본의 세계화는 이전 시기보다 인류에게 행복을 가져다 주었는가?

수많은 경제학자들과 정치인들은 자유 무역이 선진국과 후진국에게 궁극적으로 모두 이익이 되는 윈-윈 게임이라고 주장한다. 자유 무역을 통해 더 많은 사람들이 풍부한 물품을 값싸게 향유할 수 있으며, 노동력과 자원이 부족한 선진국과 자본이 부족한 후진국이 세계화를 통해 서로의 부족한 부분을 채울 수 있다는 것이다. 그러나 우리의 주변에서 벌어지고 있는 일들에 조금만 눈을 돌려보면 현실은 사뭇 다르다는 사실을 알게 된다.

1970년대 이후 진행되었던 세계적 차원의 경기 침체는 1980년대 후반과 1990년대를 거쳐 어느 정도 회복되었지만, 세계적 수준의 불평등은 더욱 악화되었다. 부자들은 세계화를 통해 더 많은 부를 얻었지만, 가난한 사람들은 오히려 더욱 비참한 빈곤의 나락으로 떨어진 것이다. 예컨대 최근 자료를 보면, 447명의 억만장자가 세계에서 가장 가난한 인구 절반의 수입을 모두 합친 것보다 더 많은 부를 소유하고 있으며, 최고 부호 세 명의 자산이 가장 덜 개발된 국가 48개국의 국민 총생산을 합한 금액보다 많다.

또한 선진국과 발전도상국 간의 격차도 더욱 벌어지고 있다. 발전도상국의 외채 규모는 1980년도에 6,000억 달러였던 것이 2001년에는 무려 2조 4,500억 달러로 4배 이상 증가했다. 이렇게 불어난 외채의 대부분은 원금과 이자를 갚기 위해 다시 빌린 돈 때문에 생겨난 것이다. 쉽게 설명하자면 1980년에 1달러를 빌렸다면 2001년까지 이미 불어난 이자까지 7.5달러를 지불했으며 아직까지도 4달러의 빚을 안고 있는 셈이 된다. 더군다나 채권국에게 갚아야 할 엄청난 규모의 상환금 때문에 발전도상국들은 빈곤 문제 해결에 사용해야 할 자금이 항상 부족하며 이로 인해 빈곤의 악순환은 반복된다. 이러한 현실에 대해 세계화에 적극적인 세계은행의 한 경제학자조차 세계화가 국가들간의 격차를 줄이는 데 완전히 실패했음을 시인할 정도다.

그렇다면 선진국의 국민들은 어떠한가? 그들은 세계화를 통해 더 많은 부와 행복을 얻게 되었을까? 전혀 그렇지 않다. 선진국 내에서도 불평등이 크게 확산되었기 때문이다. 미국의 경우를 예로 들어보자. 우선 1970년대의 경기 침체 이후 시작된 전체 노동자의 시간당 실질 임금 하락은 어느 정도 경기가 호전된 1990년대에 들어서도 지속적으로 진행되었다. 이와 동시에 학력에 따른 임금 격차는 점점 더 벌어졌다. 대학 졸업자들의 시간당 실질 임금은 2퍼센트 가량 소폭 상승한 반면, 고등학교 졸업자의 임금은 20퍼센트나 하락했다.

이처럼 세계화가 진행된 20여 년 동안 세계는 더욱 불평등해지고 빈곤은 확대되었다. '자본의 세계화'는 선진국과 후진국 가릴 것 없이 '빈곤의 세계화'를 동반했던 것이다. 왜일까? 세계적인 자유무역이 증진되고, 개발도상국으로 선진국 기업들이 진출하고 있음에도 경제적 불평등이 줄어들기는커녕 왜 커져만 가고 있는 것일까?

그 비밀은 바로 '자본의 세계화' 자체에 있다. 세계 각지로 자유롭게 이동할 수 있게 된 자본은 더 이상 상대적으로 '비싼' 임금을 지불하면서까지 선진국에서 물건을 만들 이유가 없다. 임금이 훨씬 싼 지역으로 공장을 이전하면 더 많은 이윤을 낼 수 있기 때문이다. 선진국 노동자 임금의 10분의 1만으로도 발전도상국에서는 일하려는 사람들이 넘쳐나고 있다. 이에 따라 본래 선진국에 있던 공장들이 발전도상국으로 이전되고 선진국의 일자리는 점차 줄어든다. 여건상 공장을 해외로 이전할 수 없는 기업들도 공장 노동자들에게 "임금을 인하하지 않으면 공장을 이전하겠다."고 위협하면서 노동자들의 양보를 얻어낸다. 그 결과 노동자들은 이전과 똑같은 일을 하면서도 임금과 노동 조건에서 더 열악한 지위로 떨어진다. 선진국뿐만 아니라 한국에서도 진행되고 있는 비정규직의 급증(이미 50퍼센트를 넘어섰다)은 이러한 현실을 여실히 보여 준다.

그러나 달리 생각해 보면 선진국에서 사라진 일자리들이 발전도상국으로 고스란히 이전되고, 그에 따라 선진국에서 발전도상국으로 부의 재분배가 일어나는 과정에서 어쩔 수 없이 벌어지는 결과라고 생각할 수 있을지 모른다. 하지만 그러한 생각은 큰 오산이다.

1996년 6월호 『라이프』라는 잡지에는, 파키스탄의 12살 어린이가 자기 손가락보다 큰 바늘로 나이키의 축구공을 꿰매고 있는 사진과 기사가 실렸다. 이 기사는 아동노동은 이미 사라진 19세기의 유물이라고 생각해 왔던 많은 사람들에게 큰 충격을 주었다. 나이키는 더 이상 설명이 필요 없는 일류 초국적 기업이다. 그러나 그 이면에는 일당 60센트(600원)에 불과한 돈으로 하루 12~16시간씩 파키스탄의 아동들을 착취하는 파렴치한 행태가 존재했다. 그리고 이 축구공은 선진국의 매장에서 하나에 4만 8,000원에 팔렸다. 그것도 당당히 '핸드메이드Hand-Made'라고 선전하면서 말이다.

이는 단지 하나의 작은 사례에 불과하다. 이와 유사한 예들이 수 없이 존재한다. 초국적 기업들에 고용된 발전도상국의 노동자들은 엄청난 노동 강도와 노동 시간, 그리고 낮은 임금을 받으며 '과잉 착취'를 경험하고 있다. 마르크스가 19세기 『자본』에서 묘사했던 당시 영국 노동자들의 현실은 단지 시공간만 변했을 뿐, 20세기에도 여전히 반복되고 있는 것이다.

초국적 기업의 끔찍한 행태는 여기서 그치지 않는다. 저발전 지역으로 이전한 초국적 기업의 공장들은 그 지역의 자연환경을 무참히 파괴하고 있다. 그리 엄격하지 않은 발전도상국의 느슨한 환경

규제를 악용하여, 초국적 기업은 환경에 어떤 영향을 주든 오직 더 '값싼' 물건을 생산하는 데에만 몰두한다. 예컨대 발전도상국의 밀림에서 자행되고 있는 초국적 기업들의 무분별한 목재 벌채로 인해 환경 재앙이 빈번하게 발생하고 있다. 1991년 10월 7천 명의 사망자를 낸 필리핀의 대홍수는 바로 이러한 숲 파괴의 단적인 예였다. 초국적 기업들은 목재 판매로 큰 수익을 얻었지만, 그로 인한 피해는 고스란히 지역 주민들의 몫이었다.

1990년대에 들어서면서 초국적 기업은 고수익을 보장하는 새로운 활로를 발견하게 되었다. 그것은 바로 주식 시장이었다. 인터넷 같은 통신 기술의 발달로 이제 세계 각지에서의 주식 매매는 시공간적 제약을 거의 받지 않는다. 다시 말하면 비용이 거의 들지 않는 것이다. 더군다나 국제적 금융 거래는 관세조차 없으므로 주식을 싸게 사서 비싸게만 팔 수 있다면 이는 '황금알을 낳는 거위'나 마찬가지다.

본래 주식 시장은 자본이 부족한 기업들이 자금을 공모하여 그것을 생산적으로 투자하고, 그 성과를 투자자들에게 다시 분배하는 것을 목적으로 했다. 그러나 이제는 주식 시장 자체가 큰 수익을 얻기 위한 '투기장'으로 변모했다. 따라서 자본의 입장에서는 굳이 힘들게 물건을 개발하고 판매하고, 더군다나 때로는 노동자들의 불만을 달래는 데 신경을 쓸 필요가 없다. 싼 값에 기업을 인수해서 기업 가치를 높인 다음, 높은 가격으로 되팔면 훨씬 더 큰 이익을 얻을 수 있는 것이다.

1990년대 이후, 사회주의에서 자본주의로 체제 전환을 하고 있던 국가들이 자금을 마련하기 위해 국영 기업들을 민간업자들에게 매각하는 대규모 민영화 붐이 일어났다. 초국적 기업은 이를 절호의 기회로 삼았다. 그들은 이들 기업을 싼 가격에 인수해서 '경영 합리화' 라는 명목으로 구조 조정을 감행하여 기업의 가치를 올린 뒤, 비싼 가격에 기업을 되팔아 엄청난 수익을 올린 것이다.

초국적 기업의 새로운 전략은 노동자들에게는 거의 재앙과도 같았다. 기업들 사이의 인수 합병 뒤에는 언제나 '구조 조정' 이 뒤따랐기 때문이다. '구조 조정' 이란 다름 아닌 노동 비용의 절감, 즉 임금을 깎거나 아예 엄청난 규모의 노동자들을 감원하는 정리 해고를 의미했다. 구조 조정의 과정에서 자본가들은 하나같이 '비효율적인 기업 구조' 를 합리화해야만 기업이 회생할 수 있다고 선전했다. 따라서 노동자들의 희생은 불가피하다는 것이다. 이러한 사례는 세계 도처에서 수도 없이 찾아볼 수 있지만, 그 가운데 우리에게 가장 가까운 예는 1997년 한국의 'IMF(International Monetary Fund, 국제 통화 기금) 사태' 일 것이다.

사실 IMF 사태 직전인 1996년 말에만 해도 한국은 위기가 벌어질 상황이 결코 아니었다. 한국의 외채는 전체 수출액의 6퍼센트 정도 수준이었는데, 이는 다른 나라와 비교해 봤을 때 전혀 높은 수준이 아니었고 경제적으로도 비교적 건전한 상태였다. 당시 IMF조차 한국의 경제 성장에 대해 매우 긍정적인 반응을 보일 정도였다.

하지만 1997년이 되면서 사태는 완전히 반전되었다. 태국에서 외환 위기가 발생하자 외국의 투기 자본들, 즉 초국적 금융 자본들은 한국에 투자했던 자금을 한꺼번에 빼내기 시작했다. 이에 따라 한국의 주식 시장은 폭락했고, 외국 자본은 한국에 빌려 주었던 자금에 대한 조기 상환을 요구했다. 한국은 마치 모든 고객한테서 한 달 안에 예금을 현금으로 돌려줄 것을 요구받은 은행과 같은 꼴이 되었다. 그 결과 한국은 파산을 선언할 수밖에 없었고, 어쩔 수 없이 IMF에 구제 금융을 신청해야만 했다.

IMF는 한국에 돈을 빌려 주는 대신 몇 가지 조건을 달았다. 그것은 다음과 같았다. 금리를 인상할 것, 수입 규제에 대한 모든 장벽을 제거할 것(즉 무역을 완전 자유화할 것), 외국인이 한국의 기업과 토지를 자유롭게 사고 팔 수 있게 할 것, 노동자의 해고를 막는 법적 보호 장치를 제거할 것 등이었다. 한국 정부는 이러한 굴욕적인 조건을 수용하는 것 외에는 다른 방법이 없었다. 당시 IMF를 사실상 주도하는 미국 정부의 한 인사는 다음과 같이 환호성을 질렀다. "지금 우리 재무부가 한국을 접수했고 향후 한국을 경영할 것이다. 이것이야말로 위기의 긍정적인 측면이다." 이는 경제 위기가 한국에게는 재앙이었지만, 누군가에게는 커다란 이득을 가져다 주는 기회였음을 암시한다.

외국계 은행과의 협상으로 한국의 채무는 몇 년간 유예되었다.

하지만 한국은 그 대가로 국제 기준 금리보다 훨씬 높은 이자를 지불해야만 했다. 이로써 초국적 금융 자본들은 한국의 경제 위기를 이용하여 가만히 앉아서 엄청난 돈을 벌 수 있었다. 그뿐만이 아니다. 한국 정부는 채무를 갚기 위해 국영 기업을 매각하고, 기업들은 주식을 싼 가격에 내놓아야 했다. 이런 절호의 기회를 포착한 것 역시 초국적 기업들이었다. 이에 따라 1998년 5월에는 한국의 30대 기업 가운데 9개 기업이 외국인들의 수중에 들어갔다.

하지만 IMF 사태의 가장 큰 피해자는 평범한 소시민과 노동자들이었다. 기업들의 파산이 이어지면서 수많은 노동자들이 실업자의 신세로 전락했고, 파산하지 않은 기업들도 구조 조정을 통해 인력을 감축하거나 임금을 삭감했다. 더군다나 IMF가 제시한 '자유로운 노동자 해고'와 '이자율 인상' 조항에 따라 정리 해고가 손쉬워졌으며, 많은 가계가 빚더미에 오르게 되었다.

여기서 정부는 자본가의 손을 들어 주었다. 정부가 주도해 만든 '노사정 위원회' 같은 노동자-사용자(자본가)-정부(국가)의 협의기구는 단지 노동자들의 반발을 막기 위한 수단일 뿐이었다. 노사정 위원회에서는 한국이 후진국으로 전락하지 않기 위해서는 노동자들의 희생이 불가피하다고 주장할 뿐이었다. 가까스로 실업을 피한 노동자들도 정리 해고의 위협에서 자유로울 수는 없었다. 그들은 더 악화된 노동 조건과 노동 시간, 임금 인하를 감수해야 했던 것이다. 노동자들은 파업으로 맞서기도 했지만, 이미 사태를 반전시키기에는 역부족이었다.

이것이 바로 '승리한 자본주의', '자본의 세계화'의 진정한 모습이다. 1980년대 후반 사회주의 국가들의 붕괴 이후 더욱 가속화된 자본주의의 무한 질주는 자본에게 무소불위의 권력을 가져다주었고, 선진국이나 발전도상국의 노동자들은 어디에서나 더욱 강화된 '착취'를 감내해야만 했다. 국가는 이러한 상황을 벗어나기 위해 별다른 노력을 하지 않았다. 오히려 복지 예산을 대폭 삭감하거나, 먹고살기 위해 가난한 나라로부터 이주해 온 외국인 노동자들에게

IMF사태의 가장 큰 피해자는 평범한 소시민과 노동자들이었다. 기업들의 파산과 구조 조정으로 대량 실업자가 생겨나고, 가까스로 실업을 피한 노동자들도 임금 삭감과 더 악화된 노동 조건을 감수해야 했다.

가혹한 잣대를 들이댔다. 그리고 '국가 경쟁력 강화' 라는 미명 아래 다수의 노동자와 농민, 서민 들에게 희생만을 강요했다. 이러한 세계화는 '만인을 위한' 세계화일 수 없었다. 그러기에는 너무나 많은 사람들이 배제되었기 때문이다.

돋보기 4

로자 룩셈부르크와 레닌

●●●
로자 룩셈부르크는 소수가 혁명을 선도하는 레닌의 전위당 개념을 비판하면서, 프롤레타리아의 자발성과 주체성을 강조하는 '대중파업론'을 주창했다.

로자 룩셈부르크는 1871년 폴란드에서 태어나 1919년 베를린에서 사망했다. 일찍이 사회주의 정치 활동에 가담해 수배를 받게 되자, 스위스로 망명하여 폴란드의 사회민주당 창당에 전념했다.

1898년에는 더 넓은 정치 무대를 찾아 독일로 이주했는데, 이때부터 그녀는 유럽 사회주의 내부의 중요한 논쟁에서 두각을 나타내었다. 혁명보다는 점진적인 개혁을 주장하는 베른슈타인의 '수정주의'에 맞서 『사회 개량인가 혁명인가』라는 저서를 발표하며 비판의 칼날을 세웠다. 또한 『러시아 사회민주당의 조직 문제』라는 저서에서 레닌의 전위당 개념이 노동자들의 자발성과 민주적 학습 능력을 간과하고 있다고 비판하면서 '대중파업론'을 주창했다. '총파업'이 정당이나 노동조합의 지도 아래 일사불란하게 조직된 파업이라면, '대중파업'은 대중의 자생적인 파업을 지칭한다. 이는 곧 프롤레타리아의 자발성과 주체성을 강조한다는 의미를 지닌다.

1870년에 태어나 1924년에 사망한 레닌은 공산주의의 역사에서 이론의 여지없는 가장 위대한 혁명가로 평가된다. 초기에 레닌은 혁명을 지도하기 위한 전위당을 중요시했으나, 1905년 혁명 이후에는 룩셈부르크와 마찬가지로 대중파업의 필요성을 인식하면서 프롤레타리아의 자발성을 강조하였다.

레닌은 사회주의 혁명 이후 전위당과 대비되는 '소비에트'를 중시하면서 프롤레타리아의 자발성을 강조했으나, 레닌 사후 공산당이 권력화되면서 러시아 혁명은 변질되어 갔다.

특히 1917년 혁명 이후 그는 「4월 테제」를 통해 전위당과 대비되는 '소비에트'를 보다 중시하면서 "모든 권력을 소비에트로"라는 구호를 제시했다.

그러나 두 번째의 뇌일혈로 정치 활동에서 물러나 요양하고 있던 1922년 말에서 1923년 사이에, 레닌은 혁명이 점차 변질되어 가고 있음을 깨달았다. 국가 기구가 차르 체제의 악폐를 답습하고 있었으며, 공산당 관리들은 점차 대중들로부터 괴리되어 가고 있었던 것이다. 그의 사망 뒤 각국의 공산당들은 레닌의 동상을 세우고 그의 사상을 인용했지만, 이는 자신들의 지배를 정당화하는 수단일 뿐이었다.

돋보기 5

문화 대혁명과 68혁명

●●●
청년 조직인 홍위병은 문화 대혁명의 선두에서서 공산당의 관료주의를 비판하고 부르주아적 잔재를 청산하는 데 앞장섰지만 뒷날 급진적이고 극좌적이라는 평가를 받았다.

문화 대혁명은, 중국 사회주의 혁명 이후 당내의 부르주아적 잔재를 일소하자는 마오쩌둥의 호소에 의해 1966년부터 시작되었다. 이에 가장 빠르게 대응해 조직된 단체는 홍위병이었는데, 마오쩌둥과 공산당은 젊은이들의 자발적 조직인 이 단체를 공식 인정해 주었다.

그러나 시간이 흐르면서 공산당은 문화 대혁명의 통제력을 상실하게 되었고, 홍위병의 급진파인 '조반파' 는 공산당의 관료주의를 비판하는 것으로 나아갔다.

문화 대혁명은 가히 프랑스 혁명에 비견될 만한 사건이었다. 정치에 있어서 대중이 개입할 수 있는 공간을 예측할 수 없을 정도로 개방했기 때문이다. 그러나 이 혁명은 인민해방군의 개입으로 진압되었고, 곧 당 지도부 사이의 권력 투쟁으로 변질되고 말았다. 마오쩌둥 사망 후 중국 공산당은 홍위병의 폭력 등을 이유로 문화 대혁명에 대해 공식적으로 '극좌적 오류' 라고 결론을 내렸지만, 문화 대혁명의 정확한 성격과 역사적 의미에 대한 평가는 더 면밀하게 검토되어야 한다.

문화 대혁명은 새로운 세대의 저항을 이끈 하나의 '기호' 로서 68혁명에도 큰 영향을 미쳤다. 1968년은 실로 혁명의 해였다. 체코의 프라하, 프랑스의 파리, 서독의 베를린, 미국의 시카고, 일본의 나리타 등지에서 이러저러한 이유로 저항이 들불처럼 일어났기 때문이다.

•••
1968년 프랑스의 대학가에서 시작되어 유럽과 미국을 거쳐 일본에까지 전파된 '68혁명'은 권위주의와 기성 제도에 대한 가차 없는 비판을 가했다. 교육과 제반 사회 문제에 대해 불만을 토로하는 소르본 대학 학생들. 프랑스 파리(1968년).

이들이 내건 요구와 구호는 지역마다 상이했지만, 하나의 공통점은 이들이 모두 기존 질서와 권위에 대해 거부했다는 사실이다. '68세대'들은 자본주의가 가장 빠르게 성장하고 있던 시기에 태어나고 자라 온 젊은이들이었지만, 그들은 결코 자신들의 생활에 만족하지 않았다. 68세대들은 자신들이 받아 온 교육에 불만을 제기했고, 당시의 베트남 전쟁에 반대했으며, 인종 차별, 성 차별이 자행되고 있는 현실을 바꾸고자 했다.

하지만 세계를 뒤흔들었던 68혁명의 불길도 곧 꺼져 버리고 말았다. 거리를 가득 메웠던 젊은이들은 대부분 학교로 돌아갔고, 국가 관료로 진출하거나 자신들의 성공을 위해 매진했다.

돋보기 6

신자유주의

제2차 세계 대전이 끝난 20여 년 동안 20세기 자본주의는 최대 전성기를 누렸으며, 이 시기를 이끈 주인공은 단연 미국이었다. 미국은 전후의 세계 경제를 새로운 모습으로 주조했다. 이른바 '케인즈주의' 라고 불리는 경제 정책에 근거하여 국가는 투자 수요를 창출했으며, 노동자들은 안정적인 생활과 임금을 보장받았고, 금융 자본의 투기는 억제되었다.

19세기 영국이 전세계에 걸쳐 식민지를 개척함으로써 자신의 지위를 보장받았다면, 20세기의 미국은 초국적 기업의 형태를 띤 미국 자본을 전세계에 확장함으로써 자신의 지위를 공고히 했다.

이를 바탕으로 1950~1960년대 자본주의의 전성기 동안 선진국들의 노동자 계급은 체제 내부로 철저하게 편입되었고, 소비주의의 확산 속에서 중산층의 지위로 상승할 수 있었다. 그러나 이러한 풍요와 안정은 오래가지 않았다. 1960년대 말에서 1970년대 초, 미국 경제는 독일과 일본의 추격에 점차 힘을 잃게 되었고, '석유 파동' 으로 인해 세계 경제는 큰 혼란에 빠져들었다.

이러한 상황에 직면하여 세계 자본주의는 새로운 모습으로 탈바꿈함으로써 위기에 대응하고자 했다. 그것은 바로 '신자유주의' 였다. 1950~1960년대 자본주의의 최전성기를 특징 지웠던 '케인즈주의' 는, 금융 자본을 억압하고 노동자 계급에게는 얼마만큼의 분배를 가능하게 해주었다. 그러나 신자유주의는 이러한 경향을 역전시켜 금융 자본을 자유화하고, 노동자 계급의 처지를 더욱 악화시켰다. 요컨대 신자유주의는 노동자 계급에 대한 착취를 강화함으로써 위기를 벗어나고자 했던 것이다.

금융 자본들은 선진국, 발전도상국 가릴 것 없이 수익을 얻을 수 있는 증권 시장에 투자하기 때문에 발전도상국의 부가 선진국으로 유출되어 세계적 규모의 불평등을 양산하고 있다. 여의도 증권 거래소.

보통 신자유주의는 국가의 불개입, 혹은 국가의 약화라고 이해되곤 하는데 이는 오해이다. 정확히 말하면 국가는 신자유주의 국면에서 전혀 약화되지 않았다. 오히려 국가는 자유 시장, 특히 전세계적인 자유무역의 강요, 고용과 해고에 대한 기업의 자유, 그리고 자유로운 국제적 자본 순환을 강하게 밀어붙이고 있다. 국가는 신자유주의 질서를 이끌어가는 주체들 중 하나인 셈이다. 이러한 의미에서 신자유주의는 국가 방임주의를 표방했던 19세기의 자유주의와는 다른 '새로운 형태'의 자유주의라고 할 수 있는 것이다.

신자유주의에서 가장 중요한 요소는 바로 '증권 시장'으로 대표되는 금융 시장이다. 금융 자본들은 선진국과 발전도상국을 가리지 않고 수익을 가져다 줄 수 있다고 예상되는 증권 시장에 투자한다. 그들은 자신들이 투자한 국가의 경제 발전이나 복지에는 전혀 관심이 없다. 투자보다 더 큰 수익만을 가져가면 그만이다. 1997년 아시아의 금융 위기와 이후 일련의 과정은 바로 이러한 초국적 금융 자본의 본성을 여실히 보여 주었다.

'금융 세계화' 와 함께 신자유주의는 세계적 규모의 불평등을 양산하고 있다. 금융 자본은 제3세계 국가나 구사회주의권 국가들의 증권 시장에 진입하여 큰 수익을 얻었고, 이로써 제3세계에서 제1세계로의 부의 유출이 더욱 막대한 규모로 증가했다. 더군다나 신자유주의는 복지 예산의 축소와 경영 합리화를 내세운 고용과 해고의 자유화 등을 동반하기 때문에 선진국, 발전도상국 가릴 것 없이 노동자들의 처지는 더욱 악화되고 있다.

최근 쟁점이 되고 있는 한미 FTA(Free Trade Agreement, 자유무역협정)도 이 같은 맥락에서 이해할 수 있다. FTA는 양자간 협정으로서 WTO가 주도하는 다자간 협정이 교착 상태에 빠지게 되자, 미국은 무역 당사국끼리의 직접 협상으로 전략을 바꾼 것이다. 정부는 한미 FTA를 통해 한국 경제가 새로운 도약을 할 수 있을 거라고 선전하지만 미래는 매우 불확실하다. 한미 FTA는 수출 중심의 몇몇 대기업에게는 실제로 이득을 가져다 줄 수 있을지 모르지만, 초국적 자본의 시장 지배와 증권 투자를 가속화함으로써 대다수 노동자들과 농민들, 중소기업들의 몰락은 불가피한 것으로 보인다.

새로운 공산주의를 향하여 : '아래로부터의' 세계화

자본주의의 본성은 전혀 변하지 않았다. 마르크스가 살던 시기의 자본주의나 오늘날의 자본주의 모두 '착취'에 기반하고 있다는 점에서, 자본주의의 발전은 다수의 사람들의 땀과 눈물을 대가로 하고 있다는 점에서 전혀 변하지 않았다. 그렇다면 대안은 없는 것일까? 마르크스는 '공산주의'만이 자본의 횡포를 막을 수 있음을 '선언'했다. 그런데 오늘날에도 마르크스의 『공산주의 선언』은 여전히 유효하다고 할 수 있을까? 더군다나 '공산주의'를 표방했던 많은 국가들이 몰락한 오늘날, '공산주의'를 다시금 이야기하는 것이 의미 있는 것일까? 결론부터 말하자면 "그렇다." 자본주의의 본성이 전혀 변하지 않았다면, 자본주의를 변화시키고자 했던 공산주의의 이상 역시 유효하다는 것 또한 당연한 결론이기 때문이다.

그렇다면 '자본의 세계화'라는 자본주의의 더욱 심화된 모순 속에서 나타나게 될 새로운 공산주의는 어떤 모습일까? 많은 사람들이 공산주의가 끝났다고 입을 모아 말한 지 불과 10년도 채 안 되어, 새로운 움직임이 꿈틀거리기 시작했다. 그 첫 번째 징후는 1999년의 '시애틀 시위'였다. 이른바 자본의 세계화에 저항하는 움직임이 자본주의의 심장부인 미국의 시애틀에서 '갑작스럽게' 시작되었던 것이다.

1999년 11월 말 시애틀에서 열린 세계 무역 기구 각료회의는, 민영화에 대한 투자를 통해 톡톡히 재미를 본 초국적 자본의 대표자들이 세계적인 무역 및 금융의 자유화를 위한 청사진을 그리기 위한 회합이었다. 하지만 계획은 실현될 수 없었다. 갑작스런 '불청객'이 나타났기 때문이다. 이 불청객은 세계 각지에서 온 4만 명이 넘는 시위대였다. 시위 참가자들은 노동조합에서부터 환경, 발전도상국의 외채 등과 같은 쟁점들을 중심으로 활동하는 무수히 많은 사회운동 단체에 이르기까지 매우 폭넓었다. 그들은 세계화와 그것을 주도하는 세계 무역 기구 및 선진국 정부에 대한 반대를 외치면서 시위장 주변을 행진했다. 갑자기 나타난 시위대 때문에 시애틀시 당국은 당혹감을 감추지 못했다. 경찰은 최루가스와 곤봉으로 시위대를 진압하려 했지만 역부족이었다. 결국 회담은 수많은 부상자를 내면서 중단되고 말았다.

시애틀 시위는 결코 거스를 수 없을 것으로 보였던 세계화에 대한 최초의 성공적인 저항이었으며, 세계화를 반대하는 사람들을 크게 고무시켰다. 자본의 세계화 속에서 배제되어 왔던 전세계 민중들은 자신들의 비참한 삶을 바꿀 수 있다는 자신감을 얻게 되었다. 이에 따라 세계화에 대한 저항은 들불처럼 번져 나갔다. 워싱턴(2000년 4월 16일), 미요(2000년 6월 30일), 멜버른(2000년 9월 11일), 프라하(2000년 9월 26일), 서울(2000년 10월 10일), 워싱턴(2001년 1월 20일), 퀘벡(2001년 4월 20~21일), 그리고 제노바(2001년 7월 20~21일) 등, 세계 곳곳에서 저항의 목소리는 점점 커져만 갔다. 제노바 시위 이후, 보수적인 〈파이낸셜 타임스〉조차 이러한 일련의 운동에 주목하면서 다음과 같은 기사를 실었다.

수천만 명을 아우르는 세계적 정치 운동과 연계돼 있는 수만 명의 헌신적 활동가들이 자본주의에 대한 대항에 나서고 있다. 베를린 장벽의 붕괴와 프란시스 후쿠야마가 약속했던 '역사의 종언' 이후 갓 10년이 지났을 뿐인데 〔…〕 세계 자본주의는 논쟁에서 이기기 위해 또 다시 싸우고 있다. 〔…〕 새로운 활동가 세대는 자본주의가 너무 나아갔다는 단순한 생각을 중심으로 뭉치고 있다. 그것은 운동이면서 동시에 정서, 모종의 대항 문화의 정서다. 기업들이 끝없이 더 많은 이윤을 추구하는 주식 시장의 압력 하에서, 환경을 파괴하고 삶을 망쳐 놓았으며 가난한 사람들을 풍요롭게 하겠다는 약속을 지키지 못했다는 의구심이 그 저항을 추동하고 있다. 그리고 그것은 정치인들이 기업의 돈

1999년 11월 말, 세계 각지에서 모인 4만 명의 시위대는 세계화 반대, WTO 반대를 외치며 자본주의의 심장부인 미국의 시애틀에서 시위를 벌였다. 시애틀 시위가 기폭제가 되어 세계 곳곳에서 세계화에 대한 저항이 들불처럼 번져 나갔다. 시위대 가운데 한국 시민 단체의 모습.

에 놀아나고 국제 정치기구들이 기업의 논리에 노예가 된 결과, 민주주의가 무력해져서 기업들을 저지할 수 없게 됐다는 두려움 때문에 더 강화되고 있다.

한편, 비슷한 시기에 프랑스를 시작으로 또 다른 운동이 형성되고 있었다. 그 역시 시민들의 자발적인 운동으로서 초국적 자본의 횡포에 대한 '아래로부터'의 저항이었다. 이 운동은 1997년 12월 프랑스의 좌파 시사지인 〈르 몽드 디플로마티크〉에 실린 '시장을 무장 해제하자!' 라는 사설에서 촉발되었다. 이 사설은 한국을 비롯한 아시아의 금융 위기를 가져온 투기 자본과 세계은행, IMF, 세계 무역 기구의 횡포를 비판하면서 '모든 국가의 민주주의자들'에게 저항을 조직할 것을 호소했다. 이 글은 그야말로 독자들의 열렬한 호응을 얻었다. 불과 몇 달 만에 5,000통이 넘는 편지가 편집실로 쇄도했다.

그 여세를 몰아 1998년 6월 3일 파리에서 '금융 거래 과세 시민 연합Attac'(이하 '아탁')이라는 새로운 사회운동 단체가 결성되었다. 아탁은 투기 자본의 횡포를 막기 위한 실천적 대안으로 모든 국제적 금융 거래에 대해 세금을 부과할 것을 역설했다. 이 새로운 세금은 금융 과세를 처음으로 주장한 사람의 이름을 따서 '토빈세'라고 불렀다. 하지만 아탁의 활동은 단지 토빈세 같은 새로운 정책 대안을 제시하는 것에만 그치지 않았다. 더욱 중요한 것은 자본의 세계화가 가져오는 폐해를 시민들에게 알리는 교육 활동이었다.

실제로 아탁의 지부들은 강연회나 강독 모임, 그리고 수백 명이 참가하는 전국적인 여름 학교 등을 개최하고, 소책자나 팸플릿을 제작하여 정부의 경제 정책에 대한 비판을 시민들에게 소개하기도 했다. 이전에는 각 정부들이 결정하는 경제 정책에 대해 아무런 발언도 할 수 없었던 평범한 시민들이, 이제 자신들의 목소리를 내기 시작했다. 5,000명의 회원으로 시작한 아탁은 불과 5년 만에 220개 지역에 3만 명의 회원을 가진 단체로 성장했다. 동시에 '행동을 지향하는 교육 운동'으로서 아탁의 활동은 해외에서도 큰 호응을 얻어 현재 40여 개 국가에 지부를 두고 있을 정도다.

아직은 시작에 불과하지만 이러한 운동의 핵심은 분명하다. 그것은 바로 세계가 직면하고 있는 암울한 현실을 변화시켜야 한다는 것이다. 그리고 이 변화의 성패는 이제까지 희생과 고통을 경험해 왔던 사람들의 자발적인 협력에 달려 있다는 것이다.

그런데 초국적 자본의 횡포에 맞서 전세계의 민중들은 어떻게 대응할 수 있을 것인가? 어떤 사람들은 국가를 다시 강화해야 한다고 주장할지 모른다. 국가의 장벽을 높이 세움으로써 국경을 자유롭게 넘나드는 초국적 기업의 횡포를 막을 수 있다는 것이다. 하지만 150여 년 전의 마르크스와 엥겔스가 이미 날카롭게 꿰뚫어 보았듯이, 국가는 대다수 노동자들의 배제 위에 세워진 '가상의' 공동체일 뿐이다. 오히려 국가와 자본은 서로에게 기대어 서로의 권력을 강화시키고 있다.

이러한 인식을 바탕으로 아탁과 시애틀 시위에 참여했던 많은 사람들은 국가를 넘어서야 한다고 생각했다. 따라서 세계화 자체를 반대할 수는 없되, 다만 중요한 것은 '어떤' 세계화인가에 달려 있다는 것이다. 그들은 초국적 기업과 세계 무역 기구 등이 주도하고 있는 '자본의 세계화' 대신, 민중들이 주체가 되는 새로운 세계화를 요구했다. 세계화의 목표는 이윤이 아니라 전세계인의 평등과 자유, 인권이 되어야 한다는 것이다. 이러한 이유로 이들의 운동을 '아래로부터의' 세계화 혹은 '대안' 세계화라고 부르기도 한다.

이것이 바로 새로운 공산주의의 모습이 아닐까? 자본주의 국가라는 공동체로부터 배제되고 착취받는 사람들이 국적과 인종에 상관없이 국제적 연대를 통해 세계를 변화시킬 것을 목표로 한다는 의미에서 말이다. 동시에 이러한 공산주의는 20세기를 휩쓸었던 사회주의 국가들의 시도보다 오히려 마르크스와 엥겔스의 프롤레타리아 국제주의라는 이상에 더욱 근접해 있다고 말할 수도 있을 것이다. "만국의 프롤레타리아여, 단결하라."는 『공산주의 선언』의 요청은 다름 아닌 '아래로부터의 세계화'라는 형태로 구체화되고 있기 때문이다. 21세기에도 여전히 자본주의의 폭력과 배제, 착취는 계속될지 모르지만, 공산주의 역시 새로운 형태로 계속되고 있다. 그리고 공산주의가 존재하는 한, 더 나은 세상과 새로운 공동체를 향한 인류의 이상 역시 지속될 것이다.

에필로그

『공산주의 선언』에서 『자본』으로

마르크스는 『공산주의 선언』을 발표한 직후, '정치경제학 비판'이라는 새로운 프로젝트에 몰두했다. 그리고 수십 년에 걸친 연구 끝에 마침내 『자본』을 출간함으로써 자신의 정치경제학 비판을 어느 정도 완성지었다.

그런데 여기서 흥미로운 점은 『공산주의 선언』과 『자본』을 비교해 볼 때 여러 차이점이 드러난다는 사실이다. 우선 『공산주의 선언』에서 공산주의를 이끌어 갈 주인공으로 강조되었던 '프롤레타리아'가 『자본』에서는 거의 등장하지 않는다. 오히려 『자본』의 주인공은 자본 그 자체라고 할 수 있다.

또한 『공산주의 선언』은 독자로 하여금 즉각적으로 현실의 공동체에 대한 분노를 느끼게 하고 사회를 변화시키는 운동에 동참할 것을 요구하지만, 『자본』은 그와 같은 어떠한 요구도 하지 않는다. 다만 촘촘한 설명의 실타래를 차분하고 끈기 있게 끝까지 따라올 것을 독려할 뿐이다. 『공산주의 선언』에서 프롤레타리아의 혁명을 이야기할 때 마르크스가 보여 주었던 위풍당당함은 사라지고, 『자본』의 마르크스는 지나칠 정도로 침착하고 차분해서 지루할 정도다. 물론 간간이 등장하는 재치 있는 문장과 부르주아 지식인들에 대한 조롱은 여전히 마르크스의 비판적 정신이 살아 있음을 보여 주기는 하지만 말이다. 이러한 차이를 어떻게 이해해야 할까?

기실 마르크스의 신변에는 20년 동안 많은 변화가 있었다. 이미 살펴보았듯이 『공산주의 선언』에서 프롤레타리아 혁명을 외쳤을 당시 그는 스스로 혁명을 지휘했던 30대 초반의 젊은 직업혁명가였다. 하지만 『자본』을 쓰던 마르크스는 대부분의 시간을 책 먼지가 자욱한 대영박물관 도서관의 한 귀퉁이에서 독서에 몰두하던, 머리가 하얗게 센 40대의 중년이었다. 그는 혁명가들과의 끈을 평생 한 번도 놓지 않았지만, 나이가 들면서 혁명에 직접 나서기보다는 거리를 두면서 연구에 전념하고자 했다.

이를 두고 마르크스가 노쇠했기 때문이라고, 혁명에 대한 열의가 점차 식어 갔기 때문이라고 하는 것은 완전히 틀린 말이다. 또는 『공산주의 선언』과 『자본』 사이에 존재하는 20년의 시간 동안 마르크스의 관심사가 변했다고 말하는 것도 전혀 타당하지 않다. 오히려 그는 공산주의의 이상을 더욱 정교하게 다듬어 갔다. 그 방식만 달랐을 뿐이다.

새로운 공동체를 향한 운동으로서 공산주의가 필요하다는 점을 마르크스는 평생 의심하지 않았다. 다만 『공산주의 선언』 이후 일련의 혁명이 실패로 돌아간 뒤에 마르크스가 직시했던 점은 공산주의의 필요성을 단순히 '선언'하는 것만으로는 불충분하다는 사실이었다. 그는 공산주의의 의미는 현실의 공동체, 즉 자본주의의 비밀을 밝힐 때에야 보다 분명해질 수 있음을 깨닫게 되었다. 다수의 프롤레타리아를 배제하고 착취함으로써만 생존할 수 있는 자본주의의 법칙을 밝힐 때에야, 그것을 넘어설 수 있는 방법을 찾을 수 있다는 것이다. 무엇인가를 변화시키려 한다면, 먼저 그 '무엇'의 작동 원리를 알아야 한다. 마르크스에게 『자본』은 공산주의를 위한 '과학적' 무기였던 셈이다.

따라서 자본주의를 넘어서고자 한다면, 마르크스의 『자본』은 반드시 거쳐 가야 할 우회로임이 분명하다. 그러나 불행히도 『자본』은 난해하기로 악명 높은 저작 중의 하나다. 실제로 『자본』의 출간 이래 그 해석을 둘러싸고 수많은 논쟁이 벌어지기도 했으며, 현재까지도 논쟁은 계속되고 있다. 이러한 상황은 마르크스 생전에도 마찬가지여서, 엥겔스조차 마르크스에게 "노동자들이 이해할 수 있게끔 좀 더 쉽게 쓸 것을" 제안했을 정도였다. 하지만 마르크스는 별다른 방법이 없다고 생각했다.

이것은 단점입니다만 저로서는 진리를 추구하는 독자들에게 처음부터 다음을 지적하고 이해시키는 이외에 달리 어찌 할 도리가 없습니다. 과학에는 왕도가 없으며 가파른 길을 올라가는 수고를 두려워하지 않는 자만이 빛나는 정상에 도달할 가능성이 있다는 것입니다.

—「마르크스가 산 세바스티안에 있는 모리스 라샤트르에게 보내는 편지」,

『자본론에 관한 서한집』

이는 마치 "성공하기 위해서는 열심히 공부하는 것 외에는 방법이 없다"는, 너무 자주 접해서 상투적이기조차 한 말처럼 들릴지도 모른다. 하지만 마르크스에게 '빛나는 정상'이란 일신상의 출세나 성공이 결코 아니었다. 그것은 자본주의를 넘어서는 것, 바로 새로운 공동체의 구성이라는 목표였다. 마르크스가 강조하려고 했던 바는, 이러한 목표를 달성하기 위해서 공산주의라는 운동은 자본주의라는 현실의 공동체에 대한 과학적 분석과 결합되어야 한다는 것이다. 마르크스의 주장은 새로운 공산주의의 맹아가 출현하고 있는 오늘날 다시 되새겨야 할 필요가 있지 않을까?

더 읽을 책들

『공산주의 선언』을 이해하기 위해 필요한 자료들 가운데 한글로 번역되어 쉽게 접할 수 있는 것들을 모아 보았다. 또한 아래의 목록은 필자가 이 책을 쓰면서 참고한 주요 자료들이기도 하다.

1. 마르크스와 엥겔스의 원전

칼 마르크스 · 프리드리히 엥겔스, 김태호 옮김, 『공산주의 선언』, 박종철출판사, 1998.

현재 출판되고 있는 『공산주의 선언』의 판본은 모두 5종이다. 그 가운데 철학자 이진우가 옮긴 『공산당 선언』(책세상, 2002)은 옮긴이의 해제가 함께 실려 있으며, 김기연이 옮긴 『공산당 선언』(새날, 2005)은 『공산주의 선언』의 모체가 되었던 엥겔스의 「공산주의의 원리」가 부록으로 실려 있다는 장점이 있다. 『공산주의 선언』을 이해하는 데 어떤 번역본을 참조해도 크게 무리는 없겠지만, 김태호가 옮긴 『공산주의 선언』을 특히 추천하고 싶다. 이 책은 원전에 대한 엄격하고 정확한 번역으로 정평이 나 있기 때문이다.

칼 마르크스 · 프리드리히 엥겔스, 김세균 감수, 『칼 맑스 프리드리히 엥겔스 저작 선집』 (1~6), 박종철출판사, 1997.

마르크스와 엥겔스의 전집(MEGA)은 아직 완간되지 않았다. 구소련이 붕괴됨에 따라 중단되었던 전집 간행은, 현재 암스테르담에 위치한 국제 마르크스-엥겔스 재단에서 담당하고 있다. 완간된 전집의 분량은 200권이 훨씬 넘을 전망이다. 한국에서는 부족하게나마 6권짜리 저작 선집을 통해 마르크스와 엥겔스의 주요 저작을 살펴볼 수 있다. 비록 6권에 불과하지만, 이 선집은 박종철출판사와 역자들의 거의 '영웅적인' 노력의 성과다.

칼 마르크스, 김수행 옮김, 『자본론』(Ⅰ~Ⅲ), 비봉출판사, 2001~2004.

『칼 맑스 프리드리히 엥겔스 저작 선집』에서는 『자본』의 목차만 게재되어 있을 뿐 원문이 포함되어 있지 않다. 대신 별도의 단행본을 구할 수 있다. 한국에서 『자본』은 1980년대 말에 본격적으로 출판되기 시작했다. 조선로동당출판부의 번역본을 거의 그대로 옮긴 '백의출판사'의 판본, 독일어판을 번역한 '이론과실천'의 판본, 영어판을 번역한 '비봉출판사'의 판본이 그것이다. 하지만 엄혹한 시대 분위기 속에서 이적 출판물이라는 이유로 '이론과실천'의 사장이 구속되기도 했다. 현재는 김수행 교수가 번역한 비봉출판사의 판본만 구할 수 있다. 최근에는 '이론과실천'이 독일어판을 대본으로 삼아 새로운 번역판을 준비 중이라고 한다.

2. 마르크스와 엥겔스의 평전

프랜시스 윈, 정영목 옮김, 『마르크스 평전』, 푸른숲, 2000.

프랜시스 윈은 마르크스 같은 묵직한 사상가를 특유의 재기 발랄함으로 다룬다. 읽는 재미가 있지만, 그렇다고 가벼운 느낌을 주지는 않는다. 마르크스에 대해 찬양 일색인 구소련에서 나온 평전과는 달리, 그의 인간적인 면모를 사실 그대로 보여 준다.

테럴 카버, 이종인 옮김, 『엥겔스』, 시공사, 2000.

이 책은 흔히 마르크스에 가려져 있거나, 아니면 너무나 당연하게 마르크스와 동일시되는 엥겔스의 독립적인 면모를 부각시킨다. 특히 테럴 카버는 엥겔스의 전기적 사실만을 기술하는 것을 넘어서 엥겔스의 생각이 마르크스와 어떻게 달랐는가, 그리고 이러한 차이가 이후의 마르크스주의에 어떤 영향을 주었는가에 주목한다.

3. 『공산주의 선언』에 관한 책과 논문들

Eric Hobsbawm, "Introduction", in Karl Marx and Friedrich Engels, *The*

Communist Manifesto: A Modern Edition, Verso, 1998.

좌파 출판사인 버소(Verso)에서 출간한 『공산주의 선언』에 실린 마르크스주의 역사가 홉스봄의 서문이다. 이 서문은 철학자 강유원의 홈페이지(http://armarius.net/)에 강유원과 지주형이 우리말로 옮겨 놓아서 쉽게 접할 수 있다. 서문에서 홉스봄은 역사가답게 『공산주의 선언』의 역사적 배경과 파급력을 포괄적으로 설명하고 있다.

데이비드 보일, 유강은 옮김, 『세계를 뒤흔든 공산당 선언』, 그린비, 2005.

'세계를 뒤흔든 선언' 시리즈로 나온 첫 번째 책. 『공산주의 선언』 원문 전체가 실려 있을 뿐만 아니라, 『공산주의 선언』의 등장 배경과 지은이, 『공산주의 선언』의 유산과 여파 등을 함께 설명하고 있어서 이해하기 쉽다. 간결한 내용과 함께 깔끔한 편집이 돋보이는 책이다.

보리스 까갈리쯔끼 외, 카피레프트 옮김, 『선언 150년 이후』, 이후, 1998.

『공산주의 선언』 출간 150년을 기념해 파리에서 열린 국제 학술 대회의 발표 논문을 선별해 엮은 책. 150년이 지난 현대의 학자들이 『공산주의 선언』을 각자의 시각에서 어떻게 이해하고 있는지 보여준다.

4. 마르크스주의의 역사

루이 알튀세 외, 서관모 편역, 『역사적 맑스주의』, 새길, 1993.

이 책은 2부로 구성되어 있는데, 1부는 알튀세의 논문들을, 2부는 마르크스주의의 역사를 다룬 중요한 논문들을 모아놓았다. 특히 2부에 실린 6편의 논문들은 모두 흥미롭다. 마르크스주의의 역사에 관심을 가진 사람이라면 결코 피해갈 수 없는 글들이다.

윤소영, 『역사적 마르크스주의: 이념과 운동』, 공감, 2004.

한국에서 손꼽히는 마르크스주의 학자 윤소영 교수의 강연을 채록한 책. 이 책은 마르크스주의를 체계적으로 설명하고 있을 뿐만 아니라, 대안 세계화 운동 같은 현대적 쟁점을 마르크스주의의 역사적 맥락에서 다루고 있다는 장점을 지닌다. 이 책과 함께 윤소영 교수가 출판한 기존의 연구 노트들을 참조하면 좋을 것이다.

5. 기 타

루이 알튀세, 이종영 옮김, 『맑스를 위하여』, 백의, 1997.

프랑스의 마르크스주의 철학자인 알튀세는 이 책에서 '젊은' 마르크스의 철학적 쟁점을 다룬다. 특히 이 책에 실린 「청년 맑스에 대하여」라는 논문은 마르크스가 젊은 시절의 '인간주의humanism' 라는 사변적 경향과 단절함으로써 어떻게 자본주의에 대한 과학적 분석으로 나아갔는가를 보여주고 있다. 『공산주의 선언』은 이러한 과학적 분석 작업의 초기에 해당한다.

에티엔 발리바르, 윤소영 옮김, 「공산주의 이후에 어떤 공산주의가 오는가?」, 『마르크스의 '경제학 비판' 과 소련 사회주의』, 공감, 2002.

프랑스의 마르크스주의 철학자이자 알튀세의 제자이기도 한 발리바르는 이 논문에서 정치 이데올로기로서의 공산주의의 의미에 주목한다. 그는 마르크스가 말한 '현실의 운동' 으로서의 공산주의라는 정의를 적극적으로 받아들여, 공산주의는 어떤 고정된 형태를 지니는 것이 아니라고 주장한다. 그는 '사회주의적' 공산주의라는 역사적 시도를 넘어서는 새로운 공산주의로서 '국제주의' 와 '페미니즘' 을 언급한다.

참고 문헌

1. 관련 단행본

다니엘 리비에르, 최갑수 옮김, 『프랑스의 역사』, 까치, 1995.

백승욱 편저, 『'미국의 세기'는 끝났는가?: 세계체계 분석으로 본 미국 헤게모니의 역사』, 그린비, 2005.

백승욱, 『문화대혁명: 중국 현대사의 트라우마』, 살림, 2007.

뽈 망뚜, 정윤형 · 김종철 옮김, 『산업혁명사 上』, 창작과비평사, 1987.

쉬잔느 드 브뤼노프, 신현준 옮김, 『국가와 자본』, 새길, 1992.(절판)

아르투어 로젠베르크, 박호성 옮김, 『프랑스대혁명 이후의 유럽정치사: 사회주의와 민주주의』, 역사비평사, 1995.(절판)

안토니 라이트, 임현진 외 옮김, 『열린 사회주의, 닫힌 사회주의』, 역사비평사, 1997.

알렉스 캘리니코스, 정성진 · 정진상 옮김, 『반자본주의 선언』, 책갈피, 2003.

에릭 홉스봄, 이용우 옮김, 『극단의 시대:20세기 역사 상/하』, 까치, 1997.

에릭 홉스봄, 정도영 옮김, 『자본의 시대』, 한길사, 1998.

에릭 홉스봄, 정도영 · 차명수 옮김, 『혁명의 시대』, 한길사, 1998.

조지 코올, 이방석 옮김, 『사회주의 사상사 1』, 신서원, 1992.

칼 마르크스 · 프리드리히 엥겔스, 김호균 옮김, 『자본론에 관한 서한집』, 중원문화사, 1989.

톰 보토모어 외, 임석진 감수, 『마르크스 사상사전』, 청아출판사, 1988.

프랑수아 셰네, 서익진 옮김, 『자본의 세계화』, 한울, 2003.

하랄트 슈만 외, 김무열 옮김, 『아탁: 세계화 비판론자들은 무엇을 원하는가?』, 영림카디널, 2004.

2. 관련 논문

강신준, 「제2인터내셔널 시기의 마르크스주의」, 『이론』 3호, 1992.

루이 알튀세, 이진경 옮김, 「마침내 마르크스주의의 위기가!」, 『당내에 더이상 지속되어선 안 될 것』, 새길, 1992.

에티엔 발리바르, 이해민 옮김, 「'공산당 선언' 의 정정」, 『역사유물론 연구』, 푸른산, 1993.

에티엔 발리바르, 윤소영 옮김, 「공산주의 이후의 유럽」, 『이론』 창간호, 1992.

정운영, 「제1인터내셔널에서 마르크스의 투쟁」, 『이론』 3호, 1992.

Draper, Hal, *The Adventures of the Communist Manifesto*, Center for Socialist History, 2004.

Levin, Michael "'The hungry forties': the socio-economic context of the Communist Manifesto", Mark Cowling (ed.), *The Communist Manifesto: New Interpretation*, New York University Press,1998.

Suchting, Wal "What is living and what is dead in the Communist Manifest?", Mark Cowling (ed.), *The Communist Manifesto: New Interpretation*, New York University Press, 1998.

연표

1818년	마르크스, 프로이센의 트리어에서 5월 5일 출생.
	(조선) 정약용 『목민심서』 저술.
1820년	엥겔스, 프로이센의 바르멘에서 11월 28일 출생.
1830년	(프랑스) 7월 혁명 발발. 부르봉 왕조에 대항해 파리 시민들이 봉기하자, 유럽의 다른 국가들도 이에 고무되어 혁명을 일으킴.
1831년	(독일) 헤겔 사망.
	프랑스의 피에르 르루Pierre Leroux와 영국의 로버트 오언이 '사회주의'란 단어를 사용.
1839년	마르크스, 본 대학과 베를린 대학에서 법과 철학을 연구.
1840년	(청, 영국) 아편전쟁.
	(프랑스) 프루동 『소유란 무엇인가』 출간.
1841년	마르크스, 예나 대학에서 「데모크리토스와 에피쿠로스 자연철학의 차이」란 논문으로 박사 학위 취득.
	(독일) 포이어바흐 『기독교의 본질』 출간.
1842년	마르크스, 〈라이니셰 차이퉁〉의 편집장이 됨.
	마르크스와 엥겔스, 〈라이니셰 차이퉁〉 사무실에서 처음 만남.
1848년	마르크스와 엥겔스, 『공산주의 선언』 출간.
	(유럽) 혁명 발발(2~3월). 나라마다 독특한 맥락에서 혁명이 발생했지만, 일반적으로 프랑스 대혁명의 이상에 고무된 자유주의 지식인들에 의해 주도되었다는 공통점이 있음.
1849년	마르크스, 마지막 피난처인 런던으로 이주.
1850년	마르크스, 1848년 프랑스에서 전개된 혁명을 다룬 「프랑스에서의 계급투쟁」을 네 번에 걸쳐 〈신新라인 신문〉에 발표.
1852년	마르크스, 1848년 2월 혁명으로 대통령이 된 루이 나폴레옹 보나파르트(나폴레옹 3세)가 혁명을 배신하고 황제로 등극하는 과정을 계급투쟁의 관점에서 다룬 「루이 보나파르트의 브뤼메르

18일」을 발표.

1861년 (미국) 남북전쟁.

(러시아) 농노제 폐지.

1863년 (조선) 고종 즉위, 홍선대원군 정권 장악.

1864년 제1인터내셔널(국제 노동자 협회) 창립.

1866년 (조선) 대원군의 천주교 박해를 구실로 프랑스가 강화도를 침범한 '병인양요' 발발.

1867년 『자본』 1권, 함부르크에서 출판.

1869년 (독일) 마르크스의 이론을 따르는 최초의 정당인 '독일 사회민주주의노동자당'이 베벨과 리프크네히트에 의해 창당됨.

1870~1871년 (독일, 프랑스) 통일 독일을 이루려는 비스마르크와 이를 저지하려는 나폴레옹 3세의 충돌로 '프로이센-프랑스 전쟁' 발발.

마르크스, 1870년 파리의 혁명에 관한 「프랑스 내전」을 제1인터내셔널에서 세 번에 걸쳐 연설함.

1875년 (독일) 고타 시에서 '독일 사회민주주의노동자당'이 '전독일 노동자 동맹'과 통합하여 '독일 사회민주당' 창립.

마르크스는 「고타 강령 비판」을 집필하여, 독일 사회민주당의 강령이 '전독일 노동자 동맹'의 입장에 치우쳐 있을 뿐만 아니라 너무 타협적이라고 비판함. 「고타 강령 비판」은 독일 사회민주당 지도부에 의해 묵살되다가, 마르크스 사후 1891년 엥겔스에 의해 발표됨.

1876년 제1인터내셔널 공식 해산.

(조선) 일본과의 불평등 조약인 '강화도 조약' 조인.

1882년 (조선) 임오군란.

1883년 마르크스, 런던에서 폐종양으로 사망.

1884년 (조선) 갑신정변.

1885년 엥겔스에 의해 『자본』 2권이 출간됨.

1889년 제2인터내셔널 창립.

1894년 엥겔스에 의해 『자본』 3권이 출간됨.

(조선) 동학농민운동.

	(청, 일본) 조선의 지배권을 놓고 전쟁을 벌임.
1895년	엥겔스, 런던에서 암으로 사망.
	(조선) 을미사변.

나의 고전 읽기 11
새로운 공동체를 향한 운동 공산주의 선언

2007년 10월 5일 초판 1쇄
2013년 5월 15일 초판 3쇄

글쓴이 박찬종
발행인 김영진
본부장 조은희
기획자문 장철문 김미정
편집장 황현숙
책임편집 홍창의
편집 최지영 위귀영 조진희 김희선
그림 오승만
포맷 디자인 안지미
디자인 손현미 김소라
펴낸곳 (주)미래엔 서울 서초구 잠원동 41-10
전화 (영업) 3475-3845~6, (편집) 3475-3941, (팩스) 541-8249
등록 1950년 11월 1일 제16-67호
홈페이지 http://www.i-seum.com
ISBN 978-89-378-4395-2 43160
978-89-378-4141-5 set

잘못된 책은 구입처에서 바꿔 드립니다.
책값은 뒤표지에 있습니다.

아이세움은 (주)미래엔의 어린이책 브랜드입니다.